Let's have a dialogue!

ワークシートで学ぶ 施設実習

和田上貴昭　那須信樹　原 孝成　編著

『保育実習指導のミニマムスタンダード Ver. 2』対応

同文書院

Authors
執筆者紹介

【編著者】

和田上 貴昭 （わだがみ たかあき）／Lesson 12・15・16，Check 1・2
日本女子大学准教授　〈保育実習指導のミニマムスタンダード編集委員〉

那須 信樹 （なす のぶき）／Lesson 1・2
中村学園大学教授　〈保育実習指導のミニマムスタンダード編集委員〉

原 孝成 （はら たかあき）／Lesson 38
目白大学教授　〈保育実習指導のミニマムスタンダード編集委員〉

【著者】

千葉 弘明 （ちば ひろあき）／Lesson 3・28・29・30
東京家政大学准教授

岩井 浩英 （いわい ひろひで）／Lesson 4・33
鹿児島国際大学教授

阪木 啓二 （さかき けいじ）／Lesson 5・6
九州産業大学准教授

赤瀬川 修 （あかせがわ おさむ）／Lesson 7・39
鹿児島女子短期大学准教授

牛島 豊広 （うしじま とよひろ）／Lesson 8・27・32
中村学園大学短期大学部講師

圓入 智仁 （えんにゅう ともひと）／Lesson 9・37・40（6・7）
中村学園大学准教授

古川 隆幸 （ふるかわ たかゆき）／Lesson 10・24
佐賀女子短期大学准教授

佐藤 恵 （さとう めぐみ）／Lesson 11・18
清和大学短期大学部講師

鶴橋 隆彦（つるはし たかひこ）／Special Lesson 1
母子生活支援施設サンライズ武蔵野少年指導員

三田 侑希（みた ゆき）／Lesson 13・17
目白大学助教

兎澤 聖（とざわ あきら）／Lesson 14・22
尚絅学院大学講師

松藤 光生（まつふじ みつお）／Lesson 19・20・25・34〜36
中村学園大学講師

吉川 寿美（きっかわ かずみ）／Lesson 21
中村学園大学講師

上原 健二（うえはら けんじ）／Lesson 23
沖縄女子短期大学准教授

杉野 寿子（すぎの ひさこ）／Lesson 26・31
福岡県立大学教授

藤岡 孝雄（ふじおか たかお）／Special Lesson 2
東京都石神井学園支援部門第 2 グループリーダー

上原 直哉（うえはら なおや）／Special Lesson 3
豊島区立目白生活実習所・目白福祉作業所所長

髙橋 直之（たかはし なおゆき）／Special Lesson 4
児童養護施設東京育成園家庭支援専門相談員

髙山 由美子（たかやま ゆみこ）／Special Lesson 5
児童養護施設救世軍世光寮家庭支援専門相談員

島田 知和（しまだ ともかず）／Lesson 40（1〜5）
別府大学短期大学部講師

川俣 沙織（かわまた さおり）／Lesson 41
中村学園大学短期大学部講師

小林 哲（こばやし さとし）／Special Lesson 6
知的障害者生活支援施設レインボーハウス明石施設長

はじめに

　保育士養成校で学ぶ学生の多くは，保育士資格取得後，保育所や認定こども園などの保育施設に就職します。保育施設の数が多いこと，身近なことがその理由でしょう。一方で，数は少ないものの，保育所以外の児童福祉施設や障害者施設に就職していく学生もいます。きっかけが施設実習で，利用児／者と関わった体験や職員との出会いにより関心を持ったという学生もいることでしょう。施設実習の対象となる施設保育士の仕事は，保育施設の保育士とは異なる魅力があります。施設実習でその魅力を感じてもらえたらと思います。

　本書は，現在の保育士に求められる専門知識や技術，倫理について，実習の段階ごとに学びます。「Homework Sheet」等への書き込みは，自らの学びの軌跡を振り返りながら，視覚的にその積み重ねを実感するのに有効です。内容については保育実習指導において各養成校が共通して教えるべき内容を記した「保育実習指導のミニマムスタンダード Ver.2」（全国保育士養成協議会）を参考に作成されています。ぜひ本書を活用して保育士としての専門性を身につけるための取り組みをしてください。

　なお，本書と併せて保育所版も同時期に発刊されています。両書を用いることで，施設実習と保育所実習の連続性を感じ，段階的に学んでいくことが可能になると思います。

　最後になりましたが，貴重な写真を提供してくださった施設の方に感謝申し上げます。安全管理上の観点から，施設を特定しない形での掲載といたしました。ご了承ください。また，本書の発刊にあたっては保育者養成等に関わる多くの施設現場の方，養成校の先生方にご協力を賜りました。施設現場の方からは，読者となる学生たちに対して臨場感あふれる温かいメッセージをお送りいただきました。執筆いただいた養成校の先生方からは日頃の実習指導の様子がうかがえる興味深い原稿をいただきました。心から感謝申し上げます。

2020 年 1 月

編著者を代表して
和田上 貴昭

Contents

目　次

3. もしも，施設の備品を壊したら…

4. もしも，利用児／者にけがをさせてしまったら…

5. もしも，具合が悪くなったら…

6. もしも，利用児／者から「職員には秘密」と言われたら…

7. もしも，住所を聞かれたら…

Lesson 41　使い方に気をつけたい表現　138

1. 文書作成上の基本的な注意点・間違えやすい表現

2. 使い方に気をつけたい表現

Special Lesson 6　「多様化する保育ニーズに応えられる人材へ期待」　140

巻末資料　143

ワークシート例　157

Part 1

主体的・対話的で深い学びを得られる施設実習にしていくために

児童養護施設　園庭

施設実習に向かうあなたと先生へ

このレッスンでは，本テキストの「特色」を紹介しながら，実習に向けた事前・事後指導を受けるにあたって，学生のみなさんと授業（実習指導）担当の先生に共有していただきたいテキストの「活用法」について紹介していきます。

1．このテキストの特色と活用法

このテキストの特色は，大きく次の2点にあります。1つは，このテキストの内容は，2005年（平成17年）初出の「効果的な保育実習のあり方に関する研究Ⅲ～保育所実習指導のミニマムスタンダード～」を踏まえ，2018（平成30）年に発表された一般社団法人全国保育士養成協議会編による「保育実習指導のミニマムスタンダード Ver.2」（以下，「ミニマムスタンダード」と略）に示された内容を参考に構成されているという点です。

そしていま一つは，事前・事後指導関連授業の深化を図るために「学び合い」と「振り返り」を軸とした"3つの仕掛け"が盛り込まれているという点です。

1）「保育実習指導のミニマムスタンダード」とは

1つめの特色として，本書は「ミニマムスタンダード」の考え方を基盤に作成されたテキストであるということです。「ミニマムスタンダード」とは，保育実習（保育所・施設における実習）において，どの養成校においても実習指導担当の先生の間で"これだけは共有しておきたい"とされる，必要最低限の指導内容のことです。つまり，実習に出かけようとしている学生のみなさんに，"これだけは学んでおいて（学んできて）欲しい"とされる内容のことです。

全国には，みなさんと同じように，将来，保育士になることを夢見て日々学習に励む多くの仲間が存在するわけですが，それぞれの養成校において行われている実習指導には大きな違いも認められます。各養成校の都合や地域性により保育士という同じ国家資格を取得するのに，実習事前・事後指導の内容をはじめ，実習時期の違いや実習評価のあり方，その他さまざまな書類の様式に違いが認められるなどの現実があります。

もちろん，個別の養成校では対処できない問題もたくさんあります。しかし，専門職としての保育士を目指す実習生の学びの質を高めていくためにも，実習においてやはり"これだけは学んでおいて欲しい"内容が存在します。その内容が，これから学んでいく各レッスンにちりばめられています。

2）「学び合い」と「振り返り」を軸とした"3つの仕掛け"

2つめの特色として，本テキストをもとに学びを進めていくうえで，学習効果を飛躍的に高める"3つの仕掛け"を設定しています。次に紹介する「ワークシート」，「ラベルワーク」，「Homework Sheet」という仕掛けとその活用がポイントとなります。

保育や養護の現場では，保育士の専門職性として従来の技術的に熟達していく保育士モデルに加えて，日々の保育実践を省察的，自覚的に"振り返り"ながら自らの保育実践や保育観を見つめ直し，改善していこうと努力する保育士モデルを含めた人材育成の必要性が重視されています。詳細については，保育者論や保育原理，社会福祉等の授業の中で学ぶことになる（学んだ）と思われますが，このことは，個々の保育士の成長とともに，その保育士同士，あるいはその施設に勤務する他の専門職

とが"学び合い"ながら組織的に保育や養護の実践に取り組むことのできる職員集団としての成長をめざす，そのような福祉専門職としての成長が期待されているということです。

　実習を前に，いま一度，保育士をめざす仲間とともに"学び合う"ことの意義や"振り返る"ことの意義について実践的に学びながら，施設実習に向けての最初の一歩を踏み出すことにしましょう。

2.「ワークシート」で学び合う（7頁の「サンプルシートⅠ」参照）

　学び合うための仕掛け"その1"は，「ワークシート」の活用です。「ワークシート」は，毎時間の授業において授業担当の先生がレクチャー（板書）される内容やあなたなりの気づきをメモしたり，まとめたりするものです。実習直前には，ワークシートに記載した内容を振り返りながら実習中の自己課題や実習課題を明確にしたり，実習後には自らの実習を客観的に総括したりする場合などに利用します。このように，ワークシートの活用はあなた自身の実習に関する学びを累積的に高め，自らの学びの軌跡に自覚的になっていくことをサポートしてくれる存在となります。

　以下，ワークシートで学び合ううえでのポイントを示します。

1) 準備＜※巻末の「ワークシート例」参照＞

　巻末に「ワークシート」のサンプル様式（原本）を添付していますので，授業担当の先生の指示に従い，授業回数に応じて必要な分だけコピーを準備してください。もちろん，ワークシートの様式は基本的に自由です。授業担当の先生と相談しながら記入項目を決めるところからはじめて，あなたの養成校だけのオリジナル様式を作成するのも良いでしょう。

2) 記入はすべてペン書きで

　実習関連の記録（日誌や指導案など）は，基本的にペン書きが前提となります。指導上の理由から，まずは鉛筆で書くことを指示される園もありますが，特に園側から指示がない場合には，ペン書きを前提として考えなくてはなりません。あらかじめペン書きに慣れておく意味でも，ワークシートは日誌に近いものだと考え，すべてペン書きでチャレンジしてみてください。

3) 各項目記入上のポイント（7頁の「サンプルシートⅠ」をもとに）

　①授業実施日：授業が実施された日付，曜日，天候，回数などを記入します。

　②学籍番号・氏名：自分の学籍（学生）番号と氏名を記入します。

　③出席者・欠席者：

　　自分のクラス（専攻）に在籍しているメンバーの人数を，出席と欠席の別に記入します。

　④ゲスト：

　　授業に参加（参観）してくださったゲストの名前を記入します。養成校によっては，卒業生である現職の保育士や在学中の施設実習経験者である先輩学生，あるいは同じ大学の他教科の先生方をゲストに招いて，コメントをしてもらう場合などもあるようです。

　⑤主な授業内容・授業のねらいとLessonナンバー

　　基本的には，授業担当の先生の指示に従って，その当日に学ぶ授業内容と授業のねらいを記入し

ます。右端には，その授業内容が示される Lesson ナンバーを記入します。Lesson 1 から順番に指導をされる先生もいらっしゃるかもしれませんが，なかには必要な Lesson 内容を適宜指示されながら授業を展開される先生もいらっしゃいます。Lesson ナンバーを記入しておくことで，わかりにくかった点を再度確認したり，先生に質問したりするときに便利です。

⑥授業のポイント！

　授業担当の先生のレクチャー内容や板書された内容を記入していくスペースです。メモをとる感覚で，必要なこと，特に重要だなと思われること，友だちとの意見交換で学んだこと，気づきや新たな発見，自分なりの着想等々，その日の授業のエッセンスをダイナミックに記録する部分です。限られた時間で記録をとる力は，実習中の記録作成においても要求される力の 1 つです。イラストで表現したり，ペンの色を使い分けたりして，何よりあなたにとって意味のあるワークシートにしてください。

⑦ラベル A（白色）とラベル B（桃色）＜☞巻末の「3 枚複写式ラベル」利用＞

　次項「3.『ラベル』で学び合う」のところで詳しく述べますが，毎回の授業終了時に 1 枚のラベルを作成します。授業の学びのエッセンスが集約された大事な「感想ラベル」となります。このラベルは「3 枚複写式」になっていますので，同じ内容のラベルが同時に 3 枚できあがることになります。この中の 1 枚（桃色のラベル）を，あなたと同じ時間，同じ空間で，同じ授業を受講した友だちと交換します。自分のラベルを「ラベル A」（白色）として左側に，友だちのラベルを「ラベル B」（桃色）として右側に貼り付けます。

⑧ Reflection！

　ワークシートによる学びの中で最も重視されるのが，この Reflection！の部分です。Reflection，すなわちその日の授業で何が最も重要な学びであったのか，「授業のポイント」と「ラベル」に記載されたあなたとあなたの友人による内容を振り返りながら記入するスペースです。まさに熟考する時間が求められるわけですが，これもまた実習期間中，毎日作成する実習日誌に通じるものがあります。

⑨次回までの課題（Homework）・その他＜☞巻末の「Homework Sheet」サンプル参照＞

　次頁「4.『Homework Sheet』で学び合う」のところで詳しく述べますが，授業担当の先生から必要に応じて，「Homework」の課題が指示されます。次回の授業に関連性のある内容に事前学習的に取り組むなど，各 Lesson の「ワーク」に示される内容についてのディスカッションなどにむけた準備のための課題が示されることになります。「その他」については，次回授業内容に関する担当の先生からの連絡や学生同士の連絡や報告がある場合に記入するスペースです。

3.「ラベル」で学び合う＜☞巻末に「3 枚複写式ラベル」を準備しています＞

　学び合うための仕掛け"その 2"は，「3 枚複写式ラベル」の活用です。早速，巻末に添付されている「ラベル」を 1 枚切り取って手にしてみてください。このラベルは 3 枚複写式になっています。一番上の黄色いラベルにやや強めの筆圧で記入すると，同じ内容のラベルが同時に 3 枚できあがります。

　先に述べたとおり，「ラベル」を活用する大きな理由は，いまあなたの隣に座ってあなたと同じ時

間，同じ空間で，同じ授業を受講した友だちが，いったい何を思い，何を感じ，何を学んだのかをラベルを通して共有することができるからです。何でもないことですが，ラベルを交換し，お互いに読み合うことわずか数秒であなたの学びの視野が広がります。また，このラベルをワークシートに添付しておくことで，複眼的にその日の授業を振り返ることも可能となります。

　以下，ラベル記入上のポイントとラベルの活用方法を紹介します。

1）記入はすべてペン書きで

　黒のボールペンなどを使用し，やや強めの筆圧で記入します。鉛筆書きは不可です。他人の目に触れることにもなります。ていねいな字で記入することを心がけましょう。

2）ラベルに「人格」をもたせる

　ラベルに「人格」をもたせるということは，ラベルを書いた以上，その内容に責任をもつということです。一般的には，7頁の「サンプルシート」にみられるように，1段目に 1. 授業の回数，2. 授業（教科目）名，3. 学籍（学生）番号，4. 氏名などを記入します。

3）記入する内容は"ひとつ"！

　その日の授業で最もあなたの印象に残ったこと，授業担当の先生が指摘された重要なポイントなど，なにか"ひとつだけ"を原則に記入します。「○○がとても重要なことだと理解できた。そして××も大事なことだと気づいた。」のように，単に学んだことを羅列するのではありません。「○○がとても重要なことだと理解できたので，今後私にとっての課題は△△に気をつけながら日々の学生生活を送ることであると考えた。」のように，考察を含めたひとつの文章で言い表すことがラベル記入上のコツです。

4）ラベルの活用例

○黄色......授業担当の先生に提出します。出席カードの代わりにもなりますし，授業担当の先生がクラス全体の学びの傾向を把握するために活用されます。

○桃色......友だちと交換します。毎回，なるべく違う友だちとの交換を心がけましょう。ワークシートのラベル B の箇所にのりで添付します。

○白色......シール式になっています。自分のワークシート（ラベル A の箇所）に添付します。

4.「Homework Sheet」で学び合う（☞巻末の「Homework Sheet」サンプル参照）

　学び合うための仕掛け"その3"は，「Homework Sheet」の活用です。今回の授業を振り返り，また次の授業とのつながりを意識していくうえでも，予習・復習は欠かせません。このシートは，Homework の名のとおり，次の授業内容との関連性において授業担当の先生から出される"宿題"のことです。巻末のサンプルを大いに活用してください。

　2回目以降の授業において，例えば，学生同士でこの Homework Sheet を交換し，10分程度の時間を用いて誤字脱字のチェックや意見交換などを相互に行うなどの取り組み方があります。もちろん

2人から可能となる学習スタイルですが，5〜6名を単位とする小グループ形式での学習のほうがより効果的です。

以下，Homework Sheet 活用のポイントを紹介します。

1) 準備 〈☞巻末の「ワークシート例」参照〉

巻末に「Homework Sheet」のサンプル様式を添付していますので，授業担当の先生の指示に従い必要に応じてコピーを準備してください。もちろん，Homework Sheet の様式は基本的に自由です。授業担当の先生と相談しながら，あなたの養成校だけのオリジナル様式を作成するのも良いでしょう。

2) 記入はすべてペン書きで

「Homework Sheet」への記入もペン書きが前提となります。ワークシートへの記入と同様に，あらかじめペン書きに慣れておく意味でも，すべてペン書きでチャレンジしてみてください。

3) 各項目記入上のポイント（8頁の「サンプルシートⅡ」をもとに）

① Homework Sheet のナンバー：授業担当の先生の指示により記入してください。

②学籍番号・氏名：

自分の学籍（学生）番号と氏名を記入します。氏名の右端には，実習指導案などと同様に，提出者の印鑑を捺印したうえで提出します。

③チェック担当者サイン：

先に述べたとおり，グループ内で相互に Homework Sheet を交換し，赤ペンなどで誤字脱字のチェックをしたり，当該課題への予習成果に対するコメントを記入したりする場合，該当者のサインを記入します。

④提出締切日と提出先：日誌や指導案同様に，提出締切日と提出先を確認します。

⑤課題内容：

授業終了時に，授業担当の先生から指示される課題内容を記入します。ある養成校の例では，「児童憲章」などに謳われている内容をそのまま転記するという課題もあるようです。機械的に転記するのではなく，考えながら転記することで，その内容や位置づけ，意義について再確認したり，各 Lesson に設けられた「ワーク」の内容に沿った形での事前学習内容が設定されたりするなど，内容は実にさまざまです。

5. 用語の説明

本書において用いられる用語についての説明は，基本的に「ミニマムスタンダード」（2005・2018）に準拠する形で行います。詳細については，巻末の資料にて確認してください。

サンプルシートⅠ

施設実習指導ワークシート

授業実施日	10月 29日 月 曜日 天候 晴 第 3 回目		出席者	51 名
			欠席者	3 名
学籍番号	07C 333	氏 名 中村 裕美	ゲスト	伊藤香織 保育士 (03C)

※下の欄は、担当の先生の指示に従って記入してください。　　　　　　　Lesson No

主な授業内容 と 授業のねらい	①前回授業の振り返り（課題相互チェック）を通して、グループ内で各自の実習施設のプロフィールを紹介し合いながら施設ごとに異なる施設保育士の役割を理解する。 ②施設実習事前指導の内容確認 ③実習施設について理解する ④実習生としての心構えについて	Lesson 1～3

◆授業のポイント！

```
┌─ ○○園（児童養護施設）戸村 ─┐
  小舎制52人定員
  本園5ホーム（1ホーム8人/職員3名）
  グループホーム2（1ホーム6人/職員3名）
  （施設の理念）
  ・子ども中心に考える
  （行事）
  ・実習期間中にバザーがある。
```

```
┌─ ○○学園（児童養護施設）中原 ─┐
  中舎制42人定員
  本園3ホーム（1ホーム14人/職員6名）
  1ホームは幼児と10歳未満の子どもたち、
  2ホームはそれぞれ10歳以上の男子/女子ホーム
  （施設の理念）
  ・キリスト教の精神による養育を行う
  （その他）
  ・児童家庭支援センターが併設されている
```

```
┌─ ○○園（乳児院）長里 ─┐
  30人定員4グループ
  0歳児グループ2，1歳児グループ2
  （施設の考え方）
  ・家庭支援を重視し、できる限り
   家庭に子どもを帰していく。
```

```
┌─ ○○ホーム（母子生活支援施設）中島 ─┐
  20世帯 ＋ 緊急一時保護2室
  （目指す支援）
  ・母子の権利擁護
  ・子どもの健全育成
  （特徴）
  ・退所した後の母子の支援を継続的に行っている
```

☆先生からの一言
「新しい社会的養育のビジョン」により、
里親重視、家庭再統合重視の考え方が記され、
施設の役割は単に子どもを育てるだけではなく、里親支援や家庭支援、
一時保護機能、治療的機能を重視する方向に向かっている。

ラベルA（白色）　　　　　　　　　　　　　　　ラベルB（桃色）

◆Reflection！

次回までの課題〈Homework〉・その他〈予定、特記事項〉
HW（No. ）
その他

A.N.H 2020<Ver.1.1>

②自分の学籍（学生）番号と氏名を記入します。氏名の右端には，実習指導案などと同様に，捺印したうえで提出します。

④提出締切日と提出先を確認し，記入します。

①授業担当の先生の指示により記入します。「ワークシート」の最下段「次回までの課題」欄と対応しています。

③グループ内で sheet を交換し，赤ペンなどで誤字・脱字のチェック，コメントを入れたりします。その場合の担当者のサインを記入します。

⑤授業終了時に，授業担当の先生から指示される課題内容を記入します。「ワークシート」の最下段「次回までの課題」欄と対応しています。

A.N.H 2020<Ver.1.1>

Homework Sheet （No. ②）

チェック担当者サイン
那須

学籍番号	07C333	氏名	中村 裕美 印	提出締切日と提出先	10月 22日 月曜日 13：00 までに へ提出

課題内容

○あなたが実習を予定している施設のプロフィールを作成しなさい。
なお施設を知らない人でもその施設がどのような取り組みをしているのか
わかるように配慮すること。

A学園 （児童養護施設）

園の住所：B県C市○○町×××
　　TEL：×××-×××-××××
利用している子どもたち：
　A学園で暮らしているのは2歳から18歳で、事情により家庭で親と暮らすことができない子どもたち30名です。学園内の4つの家に7から8人に分かれて暮らしています。子どもたちは、親代わりになっている職員とともに家庭のような雰囲気の中で生活しています。普段は学園から地域の幼稚園や小学校、中学校等に通い、一般家庭の子どもたちと同じように生活します。家庭環境が整えば親元に帰ることができますが、そうでない場合は親族のもとに行ったり、里親さんのところで暮らしたり、施設から自立をしたりすることになります。
　子どもの大半が虐待にあった経験があり、親はいるものの、すぐには家庭に帰ることができない子どもたちです。家庭における虐待等の傷つきに対しては、日々の職員たちとのふれあいやセラピストや精神科医による治療によって癒やしていきます。

A学園の1日の流れ（時間はめやすで、一般家庭と同様に状況により変わります）
　6時　　　起床
　7時　　　朝食　ホームごとに職員が作ります。
　8時　　　登校（小、中、高校）
　9時　　　登園（幼稚園）

　14時　　　降園（幼稚園）
　15時　　　下校（小学校）　　おやつ
　18時　　　夕食　ホームごとに職員が作ります。
　　　　　　中高生は部活などもあり、順次帰宅します。
　　　　　　入浴、学習、テレビなどの団らんなど
　20時　　　幼児就寝
　21時　　　小学生就寝
　23時　　　中高生就寝

☆実習に向けて☆
　児童養護施設は幼児から高校生までの年齢幅の広い子どもたちが一緒に家族のように暮らしている場です。慣れない環境の中で戸惑うことも多くあると思うが、一緒に暮らすというところまではいかないかもしれないけれど、自然に過ごせるように心がけたいです。また、子どもたちの一つ一つの言動に注目し、その背景について考えるようにしたいです。

※用紙が足りない場合には、裏面を使用しても構わない。

Part 2

〈事前準備編〉
施設実習の概要について学ぶ

母子生活支援施設　ホール

Lesson 2 実習の意義・目的・内容について理解する

1. 施設実習の概要

　みなさんが学ぶ養成校は，国（厚生労働省）が定める「指定保育士養成施設の指定及び運営の基準」に則りながら運営されています。この基準の中に「保育実習実施基準」が定められており，保育士資格を取得するために必要な保育実習の種別・履修方法（単位数と日数）・実習施設が明示されています（**表2-1 参照**）。実習施設の詳細については巻末資料③を参照してください。

表 2-1　保育実習の種別・履修方法（単位数と日数）・実習施設

実習種別	履修方法		実習施設 （一部抜粋）
	単位数	施設における おおむねの実習日数	
保育実習 （必修科目）	4 単位	20 日	（主に）保育所
			保育所以外の児童福祉施設など
保育実習Ⅱ （選択必修科目）	2 単位	10 日	保育所又は幼保連携型認定こども園或いは小規模保育Ａ・Ｂ型及び事業所内保育事業
保育実習Ⅲ （選択必修科目）	2 単位	10 日	児童厚生施設又は児童発達支援センター その他社会福祉関係諸法令の規定に基づき設置されている施設

　保育実習で定められる「施設」とは，「保育所以外の児童福施設など」と定められており，入所・通所する子どもや利用者の最善の利益を考慮し，その福祉を積極的に増進することに最もふさわしい生活の場であり続けることが求められています。主には，入所・通所する子どもや利用者とその保護者等に対する支援を行うことがその役割として求められています。そして，その役割を担うのが保育士をはじめ，施設種によっては医師や看護師，理学療法士や作業療法士，管理栄養士等々，多様な専門性をもつ施設の全職員となります。

2. 保育士の定義について

　保育士とは，児童福祉法第18条の4において以下のように定義されています。

　「この法律で保育士とは，第18条の18第1項の登録を受け，保育士の名称を用いて，専門的知識及び技術をもって，児童の保育及び児童の保護者に対する保育に関する指導を行うことを業とする者をいう」。

　少子化や地域社会における人間関係の希薄化などに伴う家庭や地域における教育力や養育力の低下が指摘されています。こうした現状を踏まえ，子どもや利用者の健全な育成を図るために施設における子どもや利用者の保育・養護（ケアワーク）だけでなく，その保護者等に対する支援（ソーシャルワーク）を行うことが保育士の業務として求められていることが分かります。

3. 施設実習の目的と内容

　保育実習実施基準の中に、「保育実習は、その習得した教科全体の知識、技能を基礎とし、これらを総合的に実践する応用能力を養うため、児童に対する理解を通じて保育の理論と実践の関係について習熟させることを目的とする」と明示されています。これは、養成校教員が主語になった基準ですから「習熟させる」という表現になっていますが、学生を主語に置き換えると、この部分が「習熟する」という表記となり、学生がより主体的に保育実習に取り組むことの目的が一層明確になります。

　実際、学生が保育実習で学ぶことは多岐に及びます。その学びを深めるためにも、実習中、特に重視すべき内容が存在します。以下、その主な視点を紹介します。

1）直接的・具体的な体験を通して保育を学ぶ

　実習の最大の目的は、主に保育士の子どもや利用者に対する関わり（指導や援助の実際など）を通して、保育実践という具体的な「事実」を学ぶことです。子どもや利用者の様子、保育士の様子を観察し、さらにはその場に構成されているさまざまな環境に関わることを通して学びます。そして、その「事実」を記録にとどめ、振り返り、実習施設の指導担当職員より指導やアドバイスをいただきながら、そこで得られた知見や技術をもとに自分なりにも子どもと関わりながら保育という営みの実際を理解していきます。部分実習や全日実習場面においては、養成校や実習中に学んだ保育の計画や内容等に基づいて試行錯誤を重ねながら、専門的な知識や技術の習得を目指します。

　こうして、日々、保育実践の場に直接的・具体的に関わりながら保育という営みを体験していく中で、養成校で学んできたこととつなげたり、また比較したりしながら自らの保育に対する思いなどについて記録をもとに振り返りを行います。この振り返りを通して自らの強みや特長を把握しつつ、これから学び、取り組むべき新たな自己課題・実習課題を見つけることが何より重要です。実習で体験したことをその後の学習に生かし、保育とはどうあるべきか、また自らの保育や子どもに対する価値観を見つめ、問い直し続ける、そのような姿勢が求められます。

2）子どもをはじめとする利用者の理解を深める

　さまざまな個性や特性をもった乳幼児に出会うことは、みなさんにとっても忘れられない体験になることでしょう。さまざまな施設に通う子どもや利用者一人ひとりの発達の違いや行動の特長、あるいは個性や個人的な特性、さらには利用児／者が考えていることや望んでいることなどについて、子どもや利用者に寄り添いながら理解しようとする姿勢が求められます。まさに「利用児／者にとってどうなのか？」という視点を持ち続けながら日々の実習に取り組むことを忘れてはいけません。

　ちなみに実習では毎日、日誌を書きます。日誌を書くということは、それによって保育を振り返り、保育士の指導や援助、子どもの内面について学生なりに考え、自分なりの解釈をすることで、保育をより深く理解することにつながる大切な時間を意味します。

3）子育て支援の実際にふれる

　実習生という立場であり、実際の子育て支援場面に出会うことは稀ですが、施設で行われている子

育て支援活動や保護者への支援活動の実際にふれながら，現代社会における保護者の子育てを支える施設の役割について理解する必要があります。施設における子育て支援の基本となる考え方は，保護者や地域の関係機関との連携のもと，①「利用児／者の最善の利益を考慮し，利用児／者の福祉を重視」すること，②保護者と共に「利用児／者への愛情や成長を喜ぶ気持ちを共感し合う」ことです。とりわけ，乳児院等における子育て支援には，①施設に入所している子どもの保護者に対する支援と，②地域における子育て家庭への支援も存在します。

4）専門職としての倫理について学ぶ

　実習生とはいえ，実習中は施設の服務規程を守りながら「勤務」するわけですから，一社会人として，また責任ある大人としての言動や態度が求められます。また，施設で保育や養護に携わる職員の方々と一緒に働くためには，チームの一員としての連携や協働的な姿勢が必須となります。国家資格である保育士の資格取得を目指す学生においても，これまで以上に子どもや利用者の人権に配慮し，守秘義務を遵守し，体罰などの禁止，性差別による固定的な性役割分業意識を与えないなど，専門職としての倫理観に基づいた実習を意識しなくてはなりません（☞巻末資料①②参照）。

　実際の実習においては，養成校において事前事後に学んだり，模擬的に行ったりした体験以上の多くの学びの要素が含まれています。ただし，こうした見通しの立ちにくい状況の中，いたずらに不安になったり心配になったりする必要はありません。むしろ「知らない・したことがない」，だから「できない」と考えるのではなく，「だから実習に取り組んでいるのだ」ということです。施設実習の場合，実習にも基礎的な実習と応用的な実習というように段階制が設けられています。それぞれの段階に見合った実習を自ら心がけ，自覚的に「知る・してみる」という姿勢を持って取り組んでみましょう。

参考文献
・全国保育士養成協議会編『保育実習指導のミニマムスタンダード Ver.2』中央法規出版，2018
主な関連授業
・保育者論，保育原理，社会福祉，子ども家庭福祉，子ども家庭支援論など
ワーク
・保育実習Ⅰ（またはⅢ）における「実習の目的」について友人と確認し合ってみましょう。

memo

_____

_____

_____

_____

_____

_____

_____

_____

_____

_____

_____

_____

_____

_____

_____

_____

_____

_____

_____

Lesson 3　実習施設について理解する

1.　社会福祉施設の社会的役割

　社会福祉施設とは，厚生労働省において「老人，児童，心身障害者，生活困窮者等社会生活を営む上で，さまざまなサービスを必要としている者を援護，育成し，または更生のための各種治療訓練等を行い，これら要援護者の福祉増進を図ることを目的としている」と述べられています。さらに，社会福祉施設は，社会福祉法において福祉サービスを必要としている地域住民が社会の一員として日常生活を営み，社会・経済・文化活動などに参加する機会が与えられるように地域福祉を推進することが規定されています。つまり，社会福祉施設は入所者だけでなく，福祉サービスを必要とする地域住民を含めた，地域の拠点として援護，育成，治療，訓練等を提供することが社会的役割として求められています。

　また，保育実習Ⅰ（施設）と保育実習Ⅲでは社会福祉施設のなかでも児童福祉法に規定される児童福祉施設（保育所を除く）を中心に実習が展開されます。ワークシートの「主な保育実習Ⅰ（施設）及び保育実習Ⅲの対象施設の種類と目的」（☞巻末ワークシート例 Lesson 3）を参照して，自分が配当された実習施設の社会的役割を理解しましょう。

2.　社会的養護の現在

　社会的養護とは，厚生労働省において「保護者のない児童や，保護者に監護させることが適当でない児童を，公的責任で社会的に養育し，保護するとともに，養育に大きな困難を抱える家庭への支援を行うこと」と述べられています。また，児童福祉施設のなかでも乳児院，児童養護施設，母子生活支援施設，児童心理治療施設，児童自立支援施設が社会的養護を担う施設とされています。

　現在，社会的養護において大きな問題となっているのは児童虐待です。児童虐待は，厚生労働省による「平成 29 年度 児童相談所での児童虐待相談対応件数」の調査において，児童虐待対応件数が133,778 件と最初の調査（1990 年）の約 130 倍まで増加しており，社会的養護を担う施設の入所児童の半数以上が虐待経験を有している状況です。さらに，社会的養護を担う施設では障害等を有している入所児童の増加や，母子生活支援施設では「夫などの暴力」が入所理由の約半数を占めるなど，さまざまな背景を持つ子どものニーズにあわせて日常生活上の支援だけでなく治療的支援などが求められています。

　上記のような社会的養護の状況を踏まえ，社会的養護を担う施設の各運営指針（厚生労働省）のなかで支援に対する基本理念と原理が示されています。具体的には「子どもの最善の利益」「すべての子どもを社会全体で育む」ことを基本理念として，①家庭的養護と個別化，②発達の保障と自立支援，③回復を目指した支援，④家族との連携・協働，⑤継続的支援と連携アプローチ，⑥ライフサイクルを見通した支援の 6 つを支援の原理として示しています。社会的養護を担う施設では上記の基本理念・支援の原理を踏まえて，家庭的養護の推進，治療的支援の実施，アドミッションケアからアフターケアまでの継続した支援などが求められていることが理解できます。

3.　障害児 / 者施設の現在

　障害児 / 者に関連する施設として，児童福祉施設では主に障害児入所施設，児童発達支援センターが障害児への支援を行っています。いずれも福祉型と医療型に分類され，福祉型は日常生活上の指

導・保護・訓練，医療型は日常生活上の指導・保護・訓練に加えて治療が目的の施設です。さらに，施設実習に該当する障害者の施設（事業）として，障害者支援施設，指定障害福祉サービス事業所があります。

　上記にあげた全ての障害児／者の施設は，社会的養護を担う施設と異なり原則的に「措置」ではなく「契約」によって子どもや利用者がサービスを受けることができます。しかし，障害児施設の場合は保護者の何らかの理由で契約できない状況だと「措置」によって入所することがあります。現状として「措置」による入所児童は半数以上おり，その入所理由は「虐待（疑いあり）」が最も多くなっています。「契約」により入所している障害児の入所理由で最も多いのが「保護者の養育力不足」です。つまり，障害児施設に入所している子どもは保護者に何らかの問題を抱えるケースが多く，障害による日常生活上の支援や指導及び訓練の他に，保護者への障害理解や子どもとの関係調整などの支援が必要になっています。

　また，知的障害児が多く入所する障害児入所施設では「発達障害」を伴う子どもも入所しています。肢体不自由児が多く入所する施設では「知的障害」を伴う子どもも入所しています。さらに，医療型の施設では入所児童の約4割が重症心身障害児です。そのため，障害児施設では合併障害や障害の重度化などのさまざまなケースに対応できる支援が必要になっています。このように重層的な背景を持つ障害児への支援に対して，厚生労働省より「児童発達支援ガイドライン」が示され，そのなかで障害児支援の基本理念が示されています。基本理念として，①障害のある子ども本人の最善の利益の保障，②地域社会への参加・包容（インクルージョン）の推進と合理的配慮，③家族支援の重視，④障害のある子どもの地域社会への参加・包容（インクルージョン）を子育て支援において推進するための後方支援としての専門的役割が提示され，この4つの基本的理念を基に障害児支援が展開されています。

参考文献
・全国保育士養成協議会編『保育実習指導のミニマムスタンダード Ver2』中央法規出版，2018
・厚生労働省「第1回 障害児入所施設の在り方に関する検討会 参考資料」2019
・厚生労働省「平成29年度 児童相談所での児童虐待相談対応件数」2018
・厚生労働省『平成29年度 厚生労働白書』ぎょうせい，2018
・厚生労働省「児童発達支援ガイドライン」2018
・厚生労働省「社会的養護の現状について」2018
・厚生労働省雇用均等・児童家庭局長通知「児童養護施設入所児童等調査結果」2015
・厚生労働省雇用均等・児童家庭局長通知「児童養護施設運営指針」2012

主な関連授業
・保育実習指導Ⅰ，保育実習指導Ⅲ，子ども家庭福祉，社会福祉

ワーク
・自分が保育実習Ⅰ（施設）及び保育実習Ⅲで配当されている施設の種別の目的をワークシートで確認しましょう。さらに，実習施設の利用児／者の障害や疾病，その利用児／者の入所理由，職員構成，求められる支援などの施設概要について調べてみましょう。

Lesson 4　関連法規

1. 施設実習と法規

　「児童養護施設についての法的定義は何法の第何条？」[1]，「障害者基本法の第4条では，障害者（児）への何を禁止しているの？」[2]，「保育士における専門職上の法定倫理とは何？」[3]。

　これらは，施設実習に法規が関連していることを示す典型的な質問群です。あなたは，これらの質問に正しく答えることができますか？

　ここでは，施設（保育）実習生として押さえておくべき関連法規について学ぶことにしましょう。

2. 施設実習関連法規

　施設実習に関連する法規を見てみましょう。個々の法規は相互に関連し合う形で成立しています。児童福祉施設等はもとより，障害者支援施設等の障害福祉サービス事業の実施も，基本的には児童福祉法や少年法，児童虐待の防止等に関する法律，障害者の日常生活及び社会生活を総合的に支援するための法律等の法規定によるものです。

表4-1　施設実習に関連する法律等

日本国憲法				国家の統治体制の基礎について規定 / 基本的人権の保障等が記載
	児童の権利に関する条約，障害者の権利に関する条約			国際法に基づく国際的合意
		社会福祉法		社会福祉サービスに関わる理念や共通する仕組み等を規定
			児童福祉法	子どもとその家族等を支援対象とした福祉サービスに関わる理念や児童福祉施設を含めたサービス等を規定
			子ども・子育て支援法，認定こども園法	保育および子育て支援サービス等について規定
			少年法，児童虐待の防止等に関する法律　等	様々な子育て家庭の状況に応じた支援について規定
		障害者基本法		障害のある人とその家族等を対象とした福祉サービスに関わる理念や共通する仕組み等を規定
			障害者総合支援法	障害支援区分等の障害者福祉に共通する仕組みを規定
			身体障害者福祉法，知的障害者福祉法，精神保健福祉法，発達障害者支援法　等	障害種別ごとの支援について規定
			障害者虐待防止法，障害者差別解消推進法	障害のある人の権利擁護について規定
			障害者雇用促進法	障害のある人の雇用に関して規定

3. 主要基本法の概要

　社会福祉法は，1951（昭和26）年3月29日に社会福祉事業法として制定された法律であり（法律第45号），国内の社会福祉に関する基礎概念を規定しています。2000（平成12）年に改正され，福祉サービスの利用制度化，地域福祉の推進，質的向上のためのサービス評価・苦情解決の制度化が図られるとともに，今の法律名に改題されました。

　児童福祉法は，1947（昭和22）年12月12日に制定され（法律第164号），子ども家庭福祉を所管する公的機関の組織や各種施設，事業等を規定する法律です。2016（平成28）年改正により，第1条には，子どもを権利の主体と明確に位置づけ（子どもの権利条約に基づき，子どもの権利と福祉を保障すること），次条では子どもの意見尊重や最善利益等に対する国民義務が定められるととも

に，保護者の第一義的な養育責任，および，国・地方公共団体の育成責任と保護者支援が明記されました。

障害者基本法は，1970（昭和45）年5月21日に心身障害者対策基本法として制定されましたが（法律第84号），1993（平成5）年に改正・改題され，障害者福祉の理念や対象（身体障害，知的障害，精神障害）等を規定する法律となりました。2011（平成23）年改正では，「共生社会」の視点が盛り込まれたほか，障害者定義の改定と「社会的障壁」の定義追加，「差別禁止」や「国際的協調」の努力義務化，「障害者政策委員会」の新設等が盛り込まれました。

4. 法規を学ぶことの強み

専門職として適切に業務を行うためには，コンプライアンス（法令遵守）の徹底が求められます。これは，単に「プロたる者，法律違反してはならない」といった拘束だけではなく，自分自身の専門的判断や行為，評価に対する法的根拠になるといった強みとして学び得ることができるのです。さらにいえば，子どもや利用者にとって何が利益になるか（であるか）等について合意・確保するうえでの基準でもあります。

参考文献
・流石智子監修，浦田雅夫編著『知識を生かし実力をつける　子ども家庭福祉　第4版』保育出版社，2018
・才村純，芝野松次郎，新川泰弘，宮野安治編著『子ども家庭福祉専門職のための子育て支援入門』ミネルヴァ書房，2019
・保育福祉小六法編集委員会編『保育福祉小六法　2019年版』みらい，2019

主な関連授業
・保育原理，教育原理，子ども家庭福祉，社会福祉，社会的養護Ⅰ

ワーク
・施設（保育）実習に臨むに当たり必要となる法規関連の知識・理解として，次の例題に取り組んでみましょう。
〈課題例〉
①実習先となる施設の法律上の定義や目的等について
②児童福祉法における保育士に関する各種の規定について
③保育や福祉に関する主要法がいつどのように改正されたのか，その経緯について

脚注
1）児童福祉法第41条
2）差別の禁止
3）信用失墜行為の禁止（児童福祉法第18条の21），秘密保持義務（同法第18条の22），名称の使用制限（同法第18条の23）

Lesson 5 実習の段階と方法について理解する

1. 実習の段階

　「指定保育士養成施設の指導及び運営の基準について」において，保育士資格取得における施設実習に関する基準が記されています。保育士資格を取得するためには保育実習Ⅰ（保育所）おおよそ10日間及び保育実習Ⅰ（施設）おおよそ10日間の実習があり，そのうえで保育実習Ⅱ（保育所）おおよそ10日間あるいは保育実習Ⅲ（施設）おおよそ10日間，そのいずれかを選択して実施する実習があります。実習にあたっては単に実習施設に行って学ぶというのではなく，保育実習指導という学内における実習の事前事後の学びも同時に求められます。保育実習Ⅰ（保育所）及び保育実習Ⅰ（施設）のための保育実習指導をそれぞれ履修しなければならないとともに，保育実習Ⅱ（保育所）あるいは保育実習Ⅲ（施設）のための保育実習指導を履修する必要もあります。（☞巻末資料②参照）

　学内において習得した保育士に必要な知識や技能を基礎とし，保育実習指導において総合的に実践する応用能力を養い，そして学外の実習施設において保育の知識と技能と実践の関係を習熟させていきます。これらの学びは積み重ねが求められるとともに，一方向的なものではなく，学内における学びと実習施設における学びを双方向に関連させ，学びの質を向上させていく学びになっています。

　保育実習Ⅰ（施設）においては，実習先となる児童福祉施設等には乳児院など「養護系」の施設や障害児入所施設など「障害系」の施設，児童心理治療施設など「情緒・行動の問題系」の施設があり，多様な目的に応じた施設の種類があります。また，居住型の入所の施設における実習や通所型の施設における実習があり，自ずと実習形態も宿泊を伴った実習や通勤による実習があります。さらに保育実習Ⅲ（選択）の段階では，保育実習を行う施設として適当と認められる児童厚生施設なども施設の種類として加わることになります。

　実習においては，その内容により観察実習，参加実習，指導実習（責任実習）と大きく3つの段階があります。

1）観察実習

　第1の段階として観察実習があります。利用児／者と直接関わる前段階として，施設の物的環境をはじめ，子どもの様子，言葉，動きを客観的に観察します。また，それらに対する保育士の様子，言葉，動きを観察しつつ，どのような意図があるかを考えます。

　観察実習は次の参加実習につながるものです。「どのような意図があるかな」「自分ならどう関わるかな」など保育士の視点を持ちながら観察をすることが大切になります。

2）参加実習

　第2の段階として参加実習があります。保育士と一緒に行動をしたり，お手伝いをしたりする中で利用児／者と直接関わります。利用児／者と体験的ではあるものの意図をもって関わることで，保育士の業務に慣れ，保育士の言葉や動きへの理解を深めることができるようになります。

　参加実習は保育士としての意図を持ちながら関わる一方で，利用児／者がどのような反応をするかを観察することも求められます。

3) 指導実習

　第3の段階として指導実習があります。利用児／者の生活の流れを踏まえたうえでねらいや環境構成など指導計画を自分で考え，一定時間を任されて利用児／者たちと関わります。

　施設の種類によって指導実習（責任実習）をする場面が余暇活動の時間だったり食事の場面だったりと異なってきます。観察実習や参加実習で学んだことを頭に入れ，担当保育士の指導助言のもとで主体的に利用児／者と関わることが求められます。

2. 実習の内容

　「指定保育士養成施設の指導及び運営の基準について」における「教科目の教授内容」には，保育実習については次のように記されています。（☞巻末資料②参照）

保育実習Ⅰ <目標> 1. 保育所，児童福祉施設等の役割や機能を具体的に理解する。 2. 観察や子どもとの関わりを通して子どもへの理解を深める。 3. 既習の教科の内容を踏まえ，子どもの保育及び保護者への支援について総合的に学ぶ。 4. 保育の計画，観察，記録及び自己評価等について具体的に理解する。 5. 保育士の業務内容や職業倫理について具体的に学ぶ <居住型児童福祉施設等及び障害児通所施設等における実習の内容> 1. 施設の役割と機能 2. 子ども理解 3. 養護内容・生活環境 4. 計画と記録 5. 専門職としての保育士の役割と倫理	保育実習Ⅲ <目標> 1. 児童福祉施設等（保育所以外）の役割や機能について実践を通して，理解を深める。 2. 家庭と地域の生活実態にふれて，児童家庭福祉及び社会的養護に対する理解をもとに，保護者支援，家庭支援のための知識，技術，判断力を養う。 3. 保育士の業務内容や職業倫理について具体的な実践に結びつけて理解する。 4. 保育士としての自己の課題を明確化する。 <内容> 1. 児童福祉施設等（保育所以外）の役割と機能 2. 施設における支援の実際 3. 保育士の多様な業務と職業倫理 4. 保育士としての自己課題の明確化

　以上のように，保育実習Ⅰ（施設）においては，基本的なことを観察や利用児／者との関わりを中心に学びます。そのうえで保育実習Ⅲでは実践を通して理解を深めることになります。専門性を高める，あるいは保育士の役割をより具体的に学ぶため保育実習Ⅲの選択がなされ，保育士としての自己課題を深めていくことが求められます。

参考文献
　厚生労働省「指定保育士養成施設の指導及び運営の基準について」2019
主な関連授業
　子ども家庭福祉，社会的養護Ⅰ
ワーク
　保育実習Ⅰ（施設）において，実習先となる児童福祉施設全般について調べましょう。そのうえで，自分が行きたいと考える施設の種類を理由とともに記しましょう。

実習生としての心構えについて理解する

1. 実習前

1) 保育実習指導を受ける

　実習に当たっては，保育実習指導を履修することが必須になっています。保育実習指導において実習に向けた知識や技能，礼儀作法などを学び，準備をします。学びが進む中で自分が実習でどのようなことを体験したいか，どのようなことを知りたいか，保育士としてのどのような力を身につけたいかという自己課題を設定していきます。

　阪木の研究（2015）によれば，実習まで少し時間のある段階では「子どもとの関わりや，接する中での学びへの期待」を実習にもつ一方で，実習が近くなってきた段階では，実習に対し「イメージを明確にしたうえで臨もうとする姿」へと変わっていくとあります。実習を実りあるものにするため，期待だけではなく明確かつ現実的な自己課題を設定するように心がけることが大切です。

2) 実習施設を理解する

　保育実習Ⅰ（保育所）とは異なり，保育実習Ⅰ（施設）ならびに保育実習Ⅲは実習施設の種類がたくさんあります。先ずは全般的にどのような目的のもとで施設が設置され，どのような特性のある利用児／者が利用をし，利用児／者の生活を支えるためにどのような職種・役割の人が働き，そのなかで保育士がどのような役割を担うか理解する必要があります。

　そのうえで，自分が実習をする施設の種類についてより詳しく調べる，さらには自分が実習へいく施設についてホームページなどを通じて詳しく調べ，施設や保育士の役割などのイメージを作っておくことは，実習にあたってとても大切な準備になります。

3) 実習施設での事前オリエンテーションを受ける

　施設における実習を行う前に，自分が実習をする施設においてオリエンテーションを受けます。事前に施設のホームページなどを利用してどのような方針か，力を入れて取り組んでいることは何か，どのような環境かなどについて確認します。そのうえで，実際に施設を訪れ，環境や設備を見学したり，ホームページなどで分からなかったことを調べたりして，実習を的確に開始するために以下のような項目について確認をします。

・実習施設の方針・目標
・利用児／者の生活の様子，デイリープログラム
・実習生の実習シフト
・実習生の注意事項　など

　事前オリエンテーションの段階から実習は始まっているといっても過言ではありません。訪問日時の確認の連絡を取る段階から，ほど良い緊張感をもって臨むことが大切です。また，事前のイメージのもとで積極的に質問をして，不安を払拭するとともに有益な準備を行うことが大切です。

　なお，普段の生活圏と異なる地域で実習をすることも想定されます。約束の時間を守ることが出来るように，乗り継ぎの時間などゆとりをもって行動をすることが大切です。

4) 実習に係る手続きを行う

実習を行うにあたっては、健康診断を受けておくことが求められます。また、麻疹や流行性耳下腺炎等の罹患歴や予防接種記録を提出することも求められます。その他、腸内細菌検査の実施や冬場などにはインフルエンザの予防接種が推奨されるなど、実習前に提出や手続きをしなければならないことがたくさんあります。仮に怠ると、場合によっては実習に行けなくなることもあります。施設の利用児／者や職員、自分自身、その他大勢の健康を守るために必要な事項です。うっかり忘れるといったことがないように、1つ1つのことを確実に準備することが大切になります。

また、実習施設によっては「守秘義務を遵守します」などの誓約書の提出を求められることもあります。学外の学びである実習においては普段の生活よりも大きな責任や義務が求められます。実習に行く前の普段の生活から、「約束事を守る」「SNSを適切に使う」などといったことを意識しておく必要があります。

2. 実習中
1) 一般的な心得①　～保育士の声から～

実習中の心得について、評価票の中に多く見られる文言や、座談会等においてよく耳にする文言を以下に記します。実習中に遂行できるよう、普段の生活から意識をしておくことが望まれます。
・利用児／者たちに笑顔で声をかけながら実習に臨むことができる
・積極的に関わろうとすることができる
・任された役割に一所懸命臨むことができる
・保育士の助言を素直に受け止め、すぐに改善することができる
・体調管理を行い、最後まで健康に過ごすことができる
・分からないことはすぐに質問をし、今後につなげようと努力することができる

2) 一般的な心得②　～社会人としてのマナー～

実習では、これまで修得してきた保育の知識と技能も大切ですが、保育士の卵、あるいは子どもたちのモデルでもあるので、社会人としての基本的マナーも身につけておく必要があります。

（1）時間厳守

オリエンテーションにはじまり、実習全体において時間を守ることはとても大切です。実習指導者もわざわざ時間を割いて事前オリエンテーションを開いてくださいます。決まった時間に薬を投与しないと体調を崩す子どももいます。社会性を身につけるために時間を守ることに取り組んでいる利用児／者もいます。時間を意識した自覚ある行動が必要です。なお、時間に遅れるのはもってのほかですが、予定よりも早すぎてもよくありません。5分前行動を心がけましょう。

（2）連絡・報告・相談

実習をする中で利用児／者の気になる様子や自分のミスについて、ちょっとしたことであっても実習生は進んで連絡や報告・相談をすることが大切です。勝手な判断はせず、些細なことであっても実習生としての謙虚な気持ちで臨むことや、予め指示を受けていることについては報告をすることが望まれます。

なお，「担当保育士が常に忙しそうで話しかけることができませんでした」という声を聞くこともあります。手が空く頃合いを見計らって話しかけることも大切です。しかし，なかなか手の空く様子が見られないこともあります。そのような場合には，例えば「お取込み中申し訳ありませんが」などとクッション言葉をはさみながら話しかけることで，気持ちよく手を止めて話を聞いてくださることがあります。忙しそうだから質問が出来ないとあきらめるのではなく，工夫をしながら積極的に関わることが大切になります。

（3）秘密保持

　実習先で見知ったことは家族や友達に話してはいけません。SNS 上に載せることも決してしてはいけません。ケースバイケースと自分勝手な判断をし，軽い気持ちで載せたことがトラブルとなり実習が取り消しになるということもあります。また，実習後のトラブルになる可能性もあるので，メールアドレスや ID の交換など自分の個人情報を利用児／者に伝えないようにすることも大切です。実習に関する守秘義務については，いつも以上に意識をすることが求められます。

（4）施設であることの認識

　実習生からすると施設は実習の場かもしれませんが，施設で過ごしている子どもからすると，施設はまさに生活の場です。居住型の施設の場合は顕著にいえることですが，衣食住といった生活全般を施設で過ごしていることもあります。利用児／者の生活の場，家にお邪魔をさせていただくということになるので，プライバシーを大切にすることや生活のリズムを尊重することなど，謙虚な気持ちを持って実習に臨むことを心がけておく必要があります。

（5）研究的，意欲的態度

　実習における自己課題を明確にし，積極的・研究的な態度で臨むことが大切です。また，自分の思いに凝り固まるのではなく，利用児／者を多面的に捉え，集団の中での動き，こころの動きなども理解しようと努めることが大切です。

　参加実習の段階になると，声かけや関りなどを難しく感じることも出てきます。担当保育士の指導や助言は素直に受け入れ，疑問や確認したいことは出来る限りその場またはその日のうちに積極的に質問し，指導を受けることが大切です。その際，質問は謙虚に，自分である程度の仮説を立ててから質問をすることが望まれます。やり取りがスムーズになり，より良い自己課題のヒントを受け取ることに繋がります。

（6）健康管理について

　実習に向けて早い段階から体調管理に勤しむことは当然のことです。実習が始まると，いつも以上に体を動かすこともあります。生活のペースが異なることや実習施設で気を遣うなど心身の疲労はいつも以上に蓄積されやすくなります。自分の健康管理には細心の注意を払い，最初から最後まで休むことなく健康に過ごすことが望まれます。

　一方で，施設種類によっては体調を崩しやすい利用児／者がいたり，容易に施設中に病気が蔓延してしまったりすることもあります。体調を崩してしまった場合，少しくらいなら大丈夫と勝手に判断をするのではなく，担当保育士に体調を的確に報告し，実習が可能であるか，欠勤・早退をした方がいいかについて明確に指示を仰ぐことも実習生には大切なことになります。

3. 実習後

1) お礼状

　実習が終わればすべてが終わりという訳ではありません。実習中にお世話になった施設長をはじめ，実習指導者等にお礼状を書くことは大切なことです。実習中のエピソードなども含め，実習後速やかに感謝の気持ちを込めてお礼状を出すことは基本的なマナーといえます。なお，実習日誌の受け渡しを兼ねて施設を訪れる機会があるならば，その際にも十分な謝意を伝えることが大切です。

2) 守秘義務

　守秘義務に関しては，児童福祉法や全国保育士会倫理綱領を見ると，

<u>児童福祉法　第 18 条の 22</u>

　保育士は，正当な理由がなく，その業務に関して知り得た人の秘密を漏らしてはならない。保育士でなくなった後においても，同様とする。

<u>全国保育士会　倫理綱領　4. プライバシーの保護</u>

　私たちは，一人ひとりのプライバシーを保護するため，保育を通して知り得た個人の情報や秘密を守ります。

とあります。実習後であったとしても実習中に見知った事項を漏らすことは決してしてはいけないことです。上述のように，誓約書の記入を求められることもあります。実習ならびに学生とはいえ，その責任を意識し続けることは大切な事項ですので，肝に銘じておくようにしてください。

参考文献
・阪木啓二「時系列でみる学生が考える施設実習の意味合い」精華女子短期大学紀要第 41 号，2015

ワーク
・保育実習Ⅰ（施設）における自己課題は何ですか。自分がどのようなことを体験したいか，どのようなことを知りたいか，保育士としてのどのような力を身につけたいか，それぞれを記述しましょう。

実習記録（日誌）の意義と方法について理解する

1. 実習記録の意義

　施設実習では，さまざまな記録を作成することになりますが，ミニマムスタンダードでは日々の実習記録を作成することの意義について次のように示しています。

> ①日々の実習記録を通して，自身がどのように利用者を理解しているのか，その理解に基づいてどのような言動をしたのか，そのような言動が子どもや利用者にどのような影響を与えたのかをふり返り，考える機会となる。実習後に落ち着いた環境の中，ふり返りを行うことで，実習期間中は気づかなかったような観点を得ることができる。
> ②文章にして実習指導者に伝えることでさらに異なる視点から助言を得ることも可能となる。人と人とのかかわりは一面的にとらえることができるものではない。特に子どもや利用者の支援を学ぶ場合には多面的にとらえることが必要である。

　施設実習では，実習生は利用児／者とともに生活し，さまざまな背景を持つ利用児／者と接し理解を深め，また施設保育士に求められる多様な役割や業務を体験的に学びます。実習は専門職としての自覚や技術を得る貴重な学びの場です。しかし，実習での貴重な経験や学びは，記録に残さなければ忘れてしまうことも多く，また自分の経験や学びを丁寧にふり返り整理し考察すること，さらに自らの利用児／者への理解や支援が適切なものであったか助言や指導を受けることは，より学びを深め保育士としての専門性をより高めることになります。

2. 保育士養成カリキュラムにおける実習記録とは

1) 保育士養成カリキュラムにおける実習記録の位置づけ

　保育士養成課程において「保育実習Ⅰ（施設）」は必修科目ですが，学生が実習記録を作成し，実習施設の実習指導者が日々記録を確認したうえで援助に関する指導をすることが定められています。

　「指定保育士養成施設の指定及び運営の基準」では「指定保育士養成施設の所長は，（中略）実習前後の学習に対する指導方法，実習の記録，評価の方法等を明らかにし，指定保育士養成施設と実習施設との間で共有すること」としています。また，実習施設の選定等について「指定保育士養成施設の実習指導者は，（中略）実習施設の実習指導者に対しては，毎日，実習の記録の確認及び指導内容を記述するよう依頼する等，実習を効果的に進められるよう配慮すること」と示されています。（☞巻末資料②参照）さらに「乳児院運営ハンドブック」や「児童養護施設運営ハンドブック」では，主な実習受入業務の一つとして「実習目標，実習記録を通じて実習生に対する具体的援助指導を行う」ことが明示されています。

2) 児童福祉施設における記録の位置づけ

　「児童福祉施設の設備及び運営に関する基準」では「児童福祉施設には，職員，財産，収支及び入所している者の処遇の状況を明らかにする帳簿を整備しておかなければならない」と規定されています（第14条）。入所している利用児／者に関する帳簿（記録）としては，児童情報（基本情報，家族の情報，ジェノグラム等），日常の記録（ケース記録，家族の記録，関係機関との連携記録等），健康記録（通院記録，予防接種記録，健康診査記録等），自立支援計画などがあります。

　また「乳児院運営指針」及び「児童養護施設運営指針」などでは，利用児／者の養育・支援に関す

る適切な記録について次のように示しています。

①子ども一人一人の養育・支援の実施状況を適切に記録する。
　・入所からアフターケアまでの養育・支援の実施状況を，家族及び関係機関とのやりとり等を含めて適切に記録する。
　・記録内容について職員間でばらつきが生じないよう工夫する。
②子どもや保護者等に関する記録の管理について，規程を定めるなど管理体制を確立し，適切に管理を行う。
　・記録の管理について個人情報保護と情報開示の観点から，研修を実施する。
　・守秘義務の遵守を職員に周知する。
③子どもや保護者等の状況等に関する情報を職員が共有するための具体的な取組みを行う。
　・施設における情報の流れを明確にし，情報の分別や必要な情報が的確に届く仕組みを整備する。
　・施設の特性に応じて，ネットワークシステム等を利用して，情報を共有する仕組みを作る。

　福祉施設では，利用児／者の成長・発達・自立の支援を図るために，多種にわたる記録の作成，記録の適切な管理，記録をもとにした職員間の情報共有が行われています。これは施設職員に課せられた義務であり，施設職員は記録を作成する専門的知識や技術，管理能力等を身につける必要があります。実習記録の作成は，そのためのトレーニングであるともいえるでしょう。

3. 実習記録（日誌）と関連した語句の整理

　実習の記録として大切なのが「実習記録」（日誌）です。この記録は，自分の実習の記録であると同時に施設長や指導担当職員に報告する文書です。ミニマムスタンダードでは，実習日誌に記載する項目例を次のように示しています。

①実習開始前に記録しておく事項
　表紙，健康状態記入票，出勤簿（出席カード），施設の概況，オリエンテーションの内容，本実習の目的・ねらい
②実習中に記録する事項
　施設の環境，居住／作業等空間の環境，実習計画書，日々の実習記録，指導計画，保護者支援・地域子育て支援・地域連携や関係機関との連携
③ふり返りの記録
　1週間が終わって（中間のふり返り），ふり返りの会の記録
④実習後に記録する事項
　実習のふり返りと今後の課題

　実習中に記録する「日々の実習記録」が実習日誌の要となりますが，円滑に実習を開始させるためには，あらかじめ実習施設の概要について理解し記録としてまとめておく必要があります。また，実習終了後に実習報告書などを作成することで，実習での学びを整理し今後の課題を見出すことができます。

Lesson 7

4. 日々の実習記録（実習日誌）作成に関する留意事項

　実習日誌は，各養成校によって日誌の様式が指定されています。養成校では実習指導者によって記録の作成について指導が行われます。また，実習オリエンテーションにおいても実習施設の実習指導者からも指導が行われます。以下に実習日誌の内容，作成に関する留意事項について示しますが，養成施設や実習施設によって様式や内容，規定などは異なるので，それらに従って作成してください。

1）日記に記録する内容

　日誌の形式は「時系列形式」，「エピソード形式」，「一日のふり返り，考察」などで構成されます。

（1）時系列形式の記録

　その日の日課（一日の生活の流れ）を記入します。「時間」，「利用児／者の活動」，「職員による支援」，「実習生の活動・気づき」などを記述します。実習施設での生活の流れに従って，客観的に事実（出来事）を記述します。事実（出来事）と自らの気づきは混合させず区別して記述します。

（2）エピソード形式の記録

　一日の中で特に印象に残った場面については，エピソード形式の記録を作成します。

（3）一日のふり返り，考察

　その日の実習目標に対する振り返り，特に学んだこと，明らかになった課題，考察を述べます。また，翌日以降の実習で学びたい・達成したい目標を設定します。

2）日々の実習記録（日誌）作成の留意点・注意点

（1）実習開始前に記録しておく事項

　・事前訪問の際に，実習指導者から，施設の沿革，理念・方針，経営主体，事業種別，定員と実数，職員（職種と配置人数），利用児／者の実態，利用児／者の生活などについて説明を受け，それらの情報を記録に残します。

　・実習施設によっては，日誌作成に関する方針，規則，日誌の構成，用語の使い方など，養成施設での指導の内容と異なる場合もあるため，事前訪問の際に必ず確認をします。また日誌の提出時間や提出場所，誰に提出するのかも確認しておきます。

（2）実習中

　・日誌は実習終了後に作成し，次の出勤日にあらかじめ指定された職員に提出します。

　・日誌はすべて黒インクのペンで記入します。書いた字が消せるボールペンは使用しません。

　・日誌は，誤字・脱字がないように丁寧な記入に心がけ，提出前に必ず見直しましょう。訂正箇所が多い場合は，基本的には新しい用紙に書き直します。間違えた箇所が少ない場合は，二重線を引きその上に訂正印を押します。訂正の方法や修正ペン・テープの使用については，実習指導者に必ず確認しましょう。

　・プライバシー保護の観点から利用児／者の名前は記述しません。個人が特定されないように配慮し，名前はアルファベット（Aから順にA君，Bさんなど）で記述します。

　・客観的事実と主観を混合せず区別して書きます。客観的事実とは，利用児／者が実際に行っていたことや，利用児／者から出た言葉などのことです。客観的事実とそれらを通して自分が感じた

ことや気づき（主観）は混合させず，明確に区別して記述します。

・毎日必ず実習目標を立てて実習に臨みましょう。あらかじめ設定された実習計画書，その日に予定されている実習内容などを考慮し，具体的で達成可能な実習目標を立てます。

・日課（一日の活動）を記録する欄には，時間（24時間表記），利用児／者の活動，職員の動き・援助，実習生の関わりなどを記述します。具体的かつ簡潔な記載に心がけましょう。

・エピソード記述をする際には，まず「When（具体的な時間）」，「Where（具体的な場所）」，「Who（子どもや職員等の名前）」，「Whom（誰に）」，「What（実際に起きた出来事）」，「Why（原因，根拠）」，「How（支援の内容とその結果）」の6W1Hを意識し要点を押さえ簡潔に記述します。次に，その事実（出来事）に対して，感じたこと，経験を通して学んだことや気づいたことを記述します。

3）実習終了後

・実習の全日程を終えたら必ず実習記録の見直しをしましょう。記入漏れや誤字がないか，不適切な表現はないか，実習指導者からの誤字や表現の指摘に対して訂正がなされているか，利用者の実名が書かれていないか確認し，実習のふりかえりレポートとともに実習指導者に提出します。また，返却された実習記録の受け取り方法，日時などについても確認します。

・実習施設より実習記録が返却されたら，養成校が指定した日時までに提出します。

【参考文献】
・全国保育士養成協議会編『保育実習指導のミニマムスタンダード Ver.2』中央法規出版，2018
・石橋裕子，林幸範編『新訂 幼稚園・保育所・児童福祉施設等　実習ガイド』同文書院，2018

【主な関連授業】
・保育実習指導（施設），社会的養護Ⅰ，社会的養護Ⅱ，子ども家庭福祉，障害児保育

【ワーク】
・実習施設でのオリエンテーションの際に，実習担当職員に実習記録の作成について確認しましょう。

Lesson 7

Lesson 8 支援計画について理解する

1. 個別支援計画書とその考え方

　福祉施設において，利用児／者と日々関わる意味は，その利用児／者が自らの生活の営みに関心を寄せ，現状の生活をどのように捉えているのか，そして将来どのような暮らしをしたいのかをともに考えていくことにあります。その営みは福祉施設のみで完結することは少なく，他機関やさまざまな専門職と関わる必要が生じます。そして利用児／者それぞれの生活様式や有する課題には個別性があるため，支援に関わる全ての者が共通認識をもって携わることが重要になるのです。

　その際，利用児／者の状況を理解し，支援の展開を図れるようにするのが個別支援計画書です。保育士が携わる可能性のある支援に関する計画書には，年齢や個人の特性，障害の有無などさまざまな種類や取り組み方が求められます（図8-1）。特に施設実習は，乳児院等の未満児から障害のある成人を支援する障害者支援施設等まで幅広く，対象により支援計画の内容も異なる部分があります。

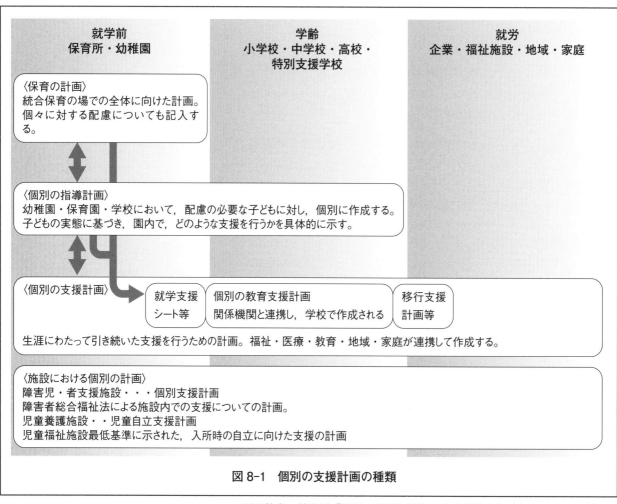

図8-1　個別の支援計画の種類

野田敦史，林恵編『演習・保育と障害のある子ども』みらい，2017より

　個別支援計画書の果たす機能には，施設現場のみならず，家庭，他の福祉機関，医療，教育，地域住民等のさまざまな側面からの取り組みを包括し，利用児／者一人ひとりの多様なニーズに応じて，支援に携わる機関，関係者がトータルな支援を展開できるようにすることがあげられます。

　さらに，個別支援計画書の取り組みを通じて，利用児／者と支援者が対等な関係を築くことができ

るという効果があります。利用児／者は「支援を受ける」対象ではなく，「支援を利用する」主体であることを，常に確認できるようになるのです。福祉施設で長期間生活をする利用児／者に対して，支援者が一方的に関わり続けると，日々生活する意欲や将来の生活への希望を考える機会を奪ってしまうという望ましくない状況を生じかねません。これは，利用児／者からみても，自らの選択や希望，生活を営んでいく力が育まれないことになり，負の連鎖が生じます。このような環境を生じないためにも，支援者は利用児／者と対等な関係を築くことが必要で，この個別支援計画書のプロセスを適切に理解し，取り組むことで，支援者としての正しい姿勢を育むことにつながっていくのです。

　個別支援計画の考え方が定着する以前は，支援者の経験則に基づいた関わりが多く，また，施設内で完結する視点が強かったため，利用児／者の生活への移行・定着に関して，本人の意向や希望が十分に汲み取られない側面がありました。さらに，支援の具体的な目標や関わりの効果，課題の整理について，支援に携わった特定の者しか説明できない部分がありました。このような状況では，客観的な視点に基づいた支援の展開は難しく，結果的に，利用児／者が望む生活の実現に必ずしも応えることができていなかったと言えます。しかし専門職が行う実践は，行き当たりばったりの対応ではなく，専門性に基づいた支援の提供が必須であり，そのために個別支援計画の策定と，一定の展開プロセスを理解することが必要となります。

　上記を踏まえ，個別支援計画の策定に関する流れについてみていきます。具体的な取り組みとしては，一般的に①ケースの発見　②インテーク（受理面接）　③アセスメント（事前評価）　④プランニング（支援計画の策定）　⑤インターベーション（支援の実施）　⑥モニタリング（中間評価）　⑦エバリュエーション（事後評価）　⑧終結のプロセス，から展開されます（**図 8-2**）。

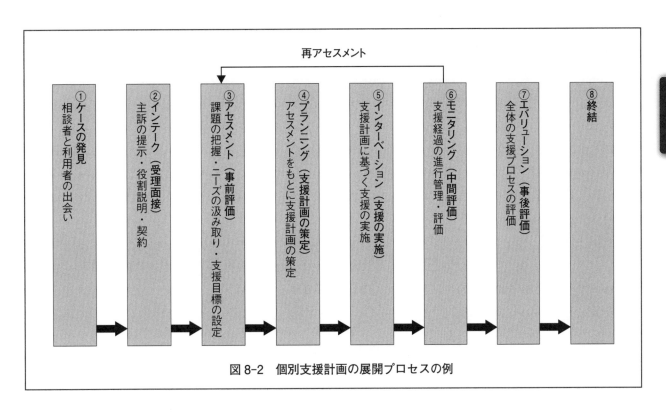

図 8-2　個別支援計画の展開プロセスの例

このプロセスを経ることで，当事者の状況や支援の取り組み，今後の支援の方向性が明らかになり，また，他職種間にもその内容が共有できます。さらに，支援の結果のみならず，その結果に至るプロセスも同時に振り返ることで，利用児／者をより深く理解できると考えられます。施設実習には，このような支援計画があることを理解して実習に臨む必要があります。

　なお，これらの展開プロセスは，年代や依拠する理論によって異なる部分がありますが，ここでは保育士が働く場を想定して説明をします。また，個別支援計画の策定にあたっては，保育士だけが担っているわけではないので「支援者」として表記している部分があります。

2．個別支援計画の策定の流れ

1）ケースの発見

　ケースの発見とは，利用児／者が有する生活課題を支援者が把握・理解するとともに，それを利用児／者自身にも認識してもらうことです。支援者が利用児／者と関わる出会いの場となり，支援につながる入口とも言えます。

　相談支援の専門機関においては他機関や他職種，相談事項を有する者が相談を持ちかけることで相談支援が始まることがあります。一方，福祉施設においては，保育士が利用児／者や保護者の日々の様子などから課題を見つけるケースが多いです。よって，保育士は利用児／者との日々の関わりにおいて，直接的な生活支援等に加えて相談支援に係る支援の視点も持ち合わせる必要があります。また，保護者等への対応においては，比較的簡易な助言で済むこともあるかもしれませんが，その表情や様子の変化を捉えながら課題を想定し対応することが求められます。

　さらに，今段階においては，しばしばアウトリーチ（訪問型支援）をしながら，支援を求めている方と関わることがあります。アウトリーチとは，支援の必要性を認識していながら支援のサービス・機関等とつながっていない，あるいは支援の必要性について気づいていない，または支援の必要性に気づいていても支援を利用していない方や地域等に対して，支援者が出向いて，支援につながる働きかけをすることをいいます。このようなケースで，保育士が「施設内」という内向的な視点にとらわれていては支援を求めている方とつながることはできません。保育士として，保育を中心として社会福祉の支援を求めている方に積極的にアプローチする姿勢が求められます。ただし，相手が支援者や支援の内容について，強い警戒心や不信感を抱いている場合もあり，丁寧な関わりが必要です。

2）インテーク（受理面接）

　インテークは受理面接とも言い，利用児／者が支援者と初めて相談を行うスタート地点となります。

　この段階では，利用児／者自身が課題解決に向けて動機を高められるようにすることが重要です。そのため支援者には，さまざまな情報が得られるよう傾聴的な関わりが求められます。信頼関係の構築を目指して，互いが協働できる関係作りをしていかなければなりません。

　特に相手の話を共感的に丁寧に聴く態度によって，信頼関係をより深めることが重要です。そして話や態度から，求められている支援内容を把握していくことになります。表面上の言葉だけに着目するのではなく，真に言いたいこと，希望していることをそこから汲み取らなければなりません。非常

に難しいことではありますが，相談支援技術に対する理解を深め，実践できるようになる必要があります。

　保育所などの保育現場では，送迎時の会話や連絡帳などを通じた何気ない相談もインテークとして捉えることができますが，福祉施設では，面接室などで行う形態が多くあります。保護者と信頼関係が構築されていれば円滑な相談へとつながる場合もありますが，状況が複雑化・多様化しているケースでは関係づくりが非常に重要なポイントとなります。

3）アセスメント（事前評価）

　アセスメントは事前評価とも言い，利用児／者及びその家族から支援に必要な情報を得ていくことになります。ここで言う情報には，単に表面上捉えることができるものだけでなく，利用児／者及びその家族が真に希望することも含まれ，その願いを汲み取ることも忘れてはなりません。また，利用児／者の周囲の環境，社会との関わり等を把握していくことになります。2）インテークで得た内容，情報を分析・解釈し，十分に利用者を理解したうえで，課題の解決・軽減へ向けた方向性を得る段階となります。

　笠師（2014）はアセスメントでのポイントについて，「①利用者の訴えの内容をしっかり捉えつつ，利用者を取り巻く状況や要因との関連について明らかにしていく　②利用者のもつ力・利用可能な社会資源について把握する　③利用者の抱える問題や状況についての緊急性の判断や，優先課題の割り出しを行う」をあげています。

　昨今，アセスメントの重要性が認識されるようになっています。利用児／者の支援に取り組む前段階において，このアセスメントが的確に実施されているかどうかで，次のプランニングの方向性が大きく変わっていくことになります。利用児／者の訴えとその意味，周囲を取り巻く状況，社会資源を把握するなど，総合的な情報収集は，短い期間でできるようになるものではありません。保育者養成課程の講義や演習を十分に踏まえ，福祉施設の利用を終えた後も研さんを続けていくことで，少しずつ力を身につけることができるようになります。

4）プランニング（支援計画の策定）

　プランニングは具体的な支援の内容を策定することです。具体的に利用する福祉サービスや支援の内容を決める段階となります。各施設によって考え方や具体的な期間は異なりますが，目標が明確に設定されているか，それに連動する形で長期目標と短期目標が設定されているか，また優先事項があればそれに配慮されているかどうかも見ていく必要があります。そして，目標の設定では，支援者による「見立て」と利用者の望みや大切にしたいことに乖離が生じないよう，注意して合意を図るようにしなければなりません。

　プランニングで重要なのは，目標等の内容の「主語」が利用児／者であることです。実際の書類の作成にあたっては支援者が記載することが多いですが，その場合も支援者が「主語」として取り組むのではなく，利用児／者が主体となった文言であることが必要です。

　また，本来プランニングは支援者だけで進めるべきでないことも理解してください。当事者の希望を汲み取り，支援計画に反映させるだけでなく，ともにプランニングに取り組む視点も求められます。

このように，個別支援計画は支援者が利用児／者に対して一方向に立案するものではありません。利用児／者が主体となり，自らの意思に基づいて希望する生活を営むための行動計画なのです。よって，支援者の立場はともに課題解決や希望する生活を営むために，相手に寄り添いながら支援に関わるという姿勢であることが必要です。

5) 支援の実施（インターベーション）

　実際の支援にあたっては，個別支援計画に基づいて利用児／者に対して直接的な支援を行うとともに，間接的な支援に取り組むことになります。直接的な支援とは，利用児／者自身に焦点をあてて，利用者の生活や活動や精神面を支えることになります。間接的な支援では，利用児／者の環境に焦点をあてて，社会環境の調整や社会資源の活用に目を向けていきます。具体的には，対人関係の調整や利用可能な社会資源の情報提供及び利用の促進を行います。

　ここでは，計画に基づいて支援が展開されることが重要です。しばしば計画された支援内容と具体的な支援の取り組みのつながりが意識されていないケースが見受けられます。計画に基づいて具体的な支援が展開されることが本来あるべき形ですので，支援に関わる際は，計画のどの内容を担っているのか，その目的は何なのかを意識して実践に向かうことが求められます。そのためにもそれぞれの個別支援計画において，その内容を管理する立場にある者は，支援に携わる職員や関係者へ，周知，理解を求める取り組みをしなければなりません。計画書を書面上で回覧するだけでは十分でなく，職員や関係者が参加する会議の場を設け，内容を真に理解していくことが必要です。

6) モニタリング（中間評価）

　評価は，利用児／者の成長の確認，変化の様子を捉えることを目的として，定期的に行われるものです。また，計画見直しの必要性はないか等も確認し，支援の効果について，これまでの取り組みの視点と同様に，支援者のみで評価をするのではなく，利用児／者からの視点と照合していくことになります。

　ここで得られた支援の取り組みの経過をもとに，必要であれば再度アセスメントを行い，プランニングを行います。目標設定していたものが予定していた期間よりも早く達成されたのであれば，次の段階の内容を設定することになります。また，目標設定が当事者の希望とずれていた等明らかになった場合には，目標の設定の内容自体を現実に照らし合わせる支援が必要となります。

7) エバリュエーション（事後評価）

　支援の取り組みが適切に実施され，課題の解決や目標達成が見えてきた段階で，支援者と利用児／者は支援の計画及び取り組み状況を改めて振り返り，支援の効果や妥当性を確認します。そこでは，利用児／者の変化や成長を明示し，結果に対して互いが理解できるようにします。

　また，この評価は，支援者自身の支援に対する姿勢や専門性の点検や改善点を検討する自己研さんの場ともなります。支援の力量を高め，今後も利用児／者に対し，より良い支援につなげられるようにしなければなりません。

8) 終結

　利用児／者やその家族が有する課題が解決した場合や，新たに支援の必要性がない場合に終結に至ります。ただし，一旦終結しても，新たなニーズや課題が生まれたときには再度支援の取り組みが始まります。利用児／者が福祉施設を退所するなど，やむを得ず終結するケースもあり，その際は新たな支援の場へとつなぐことが求められます。また，終結した後でも，いつでも相談に応じる姿勢を示し，利用児／者やその家族に伝えることが必要です。この段階で，利用児／者や家族がこれまで過ごしてきた生活の中で自信を持ち，次の活動や生活への意欲を高められることが理想と言えます。

参考文献
・野田敦史，林恵編『学ぶ・わかる・みえるシリーズ保育と現代社会　演習・保育と障害のある子ども』みらい，2017
・笠師千恵，小橋明子著『相談援助　保育相談支援』中山書店，2014

主な関連授業
・子ども家庭支援論

ワーク
・個別支援計画の策定の流れを踏まえて，今の自分自身のことの中で希望することや課題を設定しプロセスについて考えてみよう。

自己課題と実習課題を明確にする

1. 実習課題を明確にすることの必要性

1) 10日間は，長い？　短い？

　みなさんの施設での実習は10日間です。実習に向けた準備をしている今，この10日間を「長い」と思うかもしれません。でも，終わってから振り返る10日間は，とても短いと感じるものです。もしみなさんが，中学や高校での「部活動の合宿を嫌だな」と思ったことがあっても，終わってみれば「早かった」と感じたことでしょう。高校生生活も，今となっては短い間だったはずです。

2) 課題を持つこと

　施設実習の，わずか10日間の経験を有意義なものにするため，みなさんには，実習中に学びたいこと，知りたいこと，経験したいことを，しっかり持ってほしいと思います。「この10日間の実習で，○○を学ぶ」という大きな課題，「最初の3日間で○○を経験して，続く3日間で△△を知り，残りの4日間で…」という中くらいの課題，そして，実習初日，2日目から最終の10日目までの，毎日の具体的な課題です。

　実習前に10日分（に加えて，予備で数日分）の課題を考えておくと良いと思います。もちろん，実習前には想像もできなかった課題を，実習中に持つようになることがあると思います。その場合は，その実習中に考えた，あるいは思いついた課題を優先してください。

3) 課題を持つことの意味

　「なんで課題を持たないといけないの？」という疑問を持つかもしれません。「今日は□□について学ぶぞ！」という気持ちがなければ，「なんとなく」時間を過ごし，「なんとなく」1日が終わり，「なんとなく」10日間の実習を過ごしてしまうことになります。終わってから，「結局，この実習は何だったんだろう？」という気持ちが出てきて，きっとむなしくなることでしょう。

　そして何より，そのように「なんとなく」10日間を過ごしている実習生を受け入れ，指導する施設の実習指導者のお気持ちを考えてください。もし，みなさんが施設で実習生を指導する側だったら，「なんとなく」過ごしている実習生のことをどのように見るでしょうか。

　それよりも，みなさんには日々の課題を設定し，そのことを意識しながら実習に取り組んでほしいと思います。そうすれば，毎日の実習で知りたいことや疑問に思うことがたくさん出てきます。知りたいことや疑問に思うことを，実習指導者の方々に質問すると，間違いなく教えてくださいます。新しい知識や技術をどんどん吸収することができます。10日間を終わってみれば，「（多くのことを学ぶことができて）楽しかった！」という気持になるでしょう。

　先にも述べた通り，「質問したいけれど，職員は忙しくされているから，質問できないな…」と思うことがあるかもしれません。実習生であるみなさんから，ぜひ，忙しくされている実習指導者にも「ちょっと良いですか？」と声をかけてください。手を止めて話を聞いてくださるか，「後でね」とおっしゃっていただけます。そう言っていただければ，その「後」を待てば良いのです。遠慮して声をかけなければ，「消極的な実習生だ…」とみられてしまうかもしれません。それはもったいないことです。

4）見よう，知ろう，しよう

　自分なりに，利用児／者の様子，さまざまな職種の方々の様子，施設の設備，施設の周囲の環境など，施設に関するさまざまなことを「見よう」，「知ろう」という気持ちを持ってください。そして，自分なりに，利用児／者たちとの関わり，施設環境の整備を「しよう」という気持を持って，実習指導者に具体的にどのようなことをしてみたいのか，伝えたり，相談したりしてください。

　ただ，みなさんが「見たい」，「知りたい」と思っていることを，すべて施設の実習指導者が教えてくださるとは限りません。実習生には見せられない，知らせられない，あるいは，知らせない方が良いこともあります。例えば，みなさんが「施設で生活している利用児／者の家庭環境など詳しい情報を知りたい」と思っても，施設の実習指導者は教えてくださらないかもしれません。みなさんの知りたい気持ちは大切ですが，それがみなさんの利用児／者に対する見方を変えてしまう可能性があるのです。

　当たり前ですが，施設の実習指導者は，それぞれの利用児／者についての詳細な情報を持っておられます。その情報に基づいて，日々の生活や療育を支援しておられます。しかし，わずか10日間の実習をするみなさんには，そのような情報を持つよりも，目の前の利用児／者と，しっかり向き合ってほしいと思います。

　施設によっては，利用児／者の個人記録を開示してくださる場合があるかもしれません。その場合は，そこで得た情報の取り扱いに十分気をつけてください。もし，実習とは関係ないところで口外すると，大変なことになります。

　また，実習生として，利用児／者に，しっかりそして丁寧に関わってほしいと思います。挨拶や声かけ，遊び，宿題の手伝い，移動や外出の支援，病院の付き添いなど，実習生であってもできることは多くあるはずです。さらに，ピアノを演奏したり，歌ったり，エプロンシアターなど利用児／者の前に出て何かを披露することなどを「したい」と思ったら，是非，施設の実習指導者に相談してみてください。希望を聴いてくださる場合があるかもしれません。

5）施設という場での実習

　「なぜ，保育所以外の施設で実習をしなければならないのか」という疑問が，どうしても消えないという人もいると思います。いままで，いろんな授業で保育士の職場は保育所だけではなく，さまざまな施設に広がっていることを教えてもらってきたものの，いざ，実習となると，「やっぱり納得できない」と思うことは自然なことだと思います。高校で進路を考えたときに，先生から施設のことをひと言も聞いたことがない…と感じている人もいるでしょう。

　施設での実習はチャンスです。みなさんは，それぞれの施設で利用児／者と，充実した10日間を過ごすことができます。施設で生活，もしくは施設に通っている利用児／者が，何に興味を持ち，何をしたいと思い，どのように毎日を過ごしているのかを知る絶好の機会になります。新しい経験，新しい知識は，みなさんの大きく成長させてくれます。

　「施設って良いですね…」と，施設実習を終えた先輩方の多くが言ってくれます。「実習前は考えてもいなかったけれど，今では施設が就職先の第1候補になりました。」という話は，実習終了後に毎年，聞かれることです。それほど，施設実習はみなさんに大きな影響を与えることになるかもしれま

せん。

2. 実習課題設定の視点

1) 実習の課題を設定するヒント

　10日間の実習で，みなさんはどのようなことを見て学びたい，知りたい，経験したい，取り組みたいと思っているでしょうか。なかには，自分が実習に行く施設をよく知らないので，課題を考えられないと思っている人がいるかもしれません。その場合は，「社会的養護」に関する授業やこの施設実習に向けた事前準備をする授業を通して，実習先の施設の情報を集めてください。

　養成校によっては，先輩方の実習に関する記録を残しているところがあるでしょう。そのような情報は貴重です。是非，実習先と同じ施設，あるいは同じ施設種の記録を見てください。もし，先輩の記録がなかったら，信頼できるインターネットのサイトから情報を得るなどしてください。養成校の実習指導者に尋ねてみるのも，一つの方法だと思います。

　みなさんが保育所や幼稚園などでの実習を経験していたら，それらの実習での課題を思い出してください。保育所や幼稚園での実習で設定した課題と，施設での実習の課題に，大きな違いはありません。概ね，①利用児／者との関わりに関する課題，②保育士としての知識や技術に関する課題，③保育の実習生としての態度に関する課題の，3つに分類することができます。

2) 利用児／者との関わりに関する課題の例

(1) 声のかけ方，話しかけ方に関する課題
　・一人ひとりに応じた声かけを学ぶ
　・伝えたいことが伝わるように伝え方を工夫する
　・利用児／者への話しかけ方を工夫する
　・職員の声かけを観察し，実践する

(2) 実習生としての行動に関する課題
　・利用児／者の感情を受け止め，しっかり話を聞く
　・利用児／者の性格や事情を考慮し，利用児／者にふさわしい接し方をする
　・利用児／者にいろいろな接し方を試し，その子にあった接し方を探る
　・利用児／者の気持ちを考え行動する
　・利用児／者同士の関わりを観察し，自分の役割を考え行動する
　・年齢別の援助の仕方を観察し，実践する
　・場面に応じた態度を考え行動する
　・利用児／者の手本となる行動をする

(3) 利用児／者や利用者の特徴を把握することに関する課題
　・利用児／者の言動一つひとつに着目し，性格を把握する
　・利用児／者たちの特徴をつかむ
　・遊びの中で利用児／者の特徴を知る
　・利用児／者の表情の変化を観察する

・利用児／者たちの良いところを見つける

・利用児／者との信頼関係を深める

・利用児／者と共通して楽しめる話題を見つけコミュニケーションを取る

・人見知りする利用児／者にも積極的に関わる

・ぐずっている利用児／者への対応を学ぶ

・利用児／者の発達段階を意識して関わる

・帰省前後の利用児／者の気持ちの変化を知る

・同年齢の男女の違いを学ぶ

・遊ぶに対して利用児／者が興味を持つよう働きかける

・あわてず表情を観察する

(4) 利用児／者に対する意思表示や指導に関する課題

・注意するべき事はしっかり注意する

・良いことと悪いことをはっきり伝える

・褒めるところはしっかり褒め，叱るところはしっかり叱る

3) 保育士としての知識や技術に関する課題の例

・食事介助の仕方を学ぶ

・授乳の仕方を工夫する

・入浴介助の仕方を学ぶ

・沐浴について学ぶ

・おむつ交換を学ぶ

・通院の留意点を学ぶ

・保護者と子どもや職員の関わりを知る

・職員の言葉がけを学ぶ

・職員の役割分担を学ぶ

・当直業務を学ぶ

・施設における保育士の役割を理解する

・他の職種の方々との協力に着目する

・子どもが学校に行っている間の保育士・職員の仕事を学ぶ

4) 保育の実習生としての態度に関する課題の例

・○○について自分なりに工夫する

・見通しをもった行動をする

・落ち着いて行動する

・子どもの手本となるよう素早く行動する

・時間や周囲の状況を見て素早く行動する

実習に必要な事務手続きについて理解する

1. 施設実習の一連の流れについて

　保育実習を行うにあたっては，さまざまな手続きが必要になります。実習前後の流れを理解して諸手続きにミスがないよう細心の注意を払う必要があります。実習は，実習生という立場ではありますが，保育士（職業人）としての態度や行動が求められます。

　当然のことですが，養成校や実習先から指示された期限までに書類を整えて提出しなければなりません。

　施設実習の事務手続きに関する一連の流れは，養成校によってさまざまです。ここではあくまで目安として，養成校の手続きの流れを紹介しています。右側は実習生となるみなさんが行う手続きであり，左側の網掛けの枠内は，養成校側が行うものです。

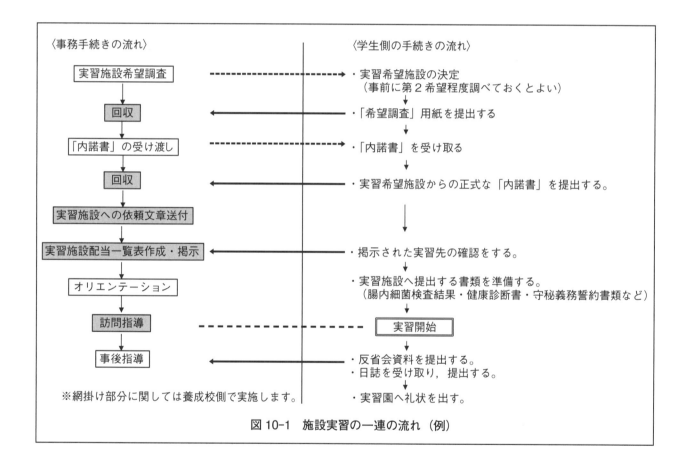

図 10-1　施設実習の一連の流れ（例）

2. 各段階での手続き内容

1）実習施設希望調査について

　実習先の決定までの第一段階として，「実習施設希望調査」があります。これは，実習希望施設を養成校に申告するとともに，実習生が希望する実習施設の情報を自ら収集する段階です。実習施設は対象となる施設種別が多岐にわたるため，事前にしっかりと学んでおくことが重要です。

　また，養成校に特定の提携施設がある場合や，地域の養成校と実習施設で構成される実習協議会等で実習施設の決定がある場合には，学生の希望や居住地などを勘案しながら，養成校側が実習生の配

当を行う場合もあります。

〈主な留意事項〉
①実習希望施設が国から認可を受けている施設であるかどうかの確認が必要です。
②自宅から実習希望施設への公共交通機関等のルートと通勤時間を確認します。
③実習希望施設のホームページ，パンフレットなどにより施設のプロフィールを調べます。
④指定された書式で，養成校へ提出します。
⑤養成校が指定した実施先に実習に行く場合は掲示された実習施設を必ず確認し，通勤手段等で問題がある場合は早めに実習担当者へ申し出てください。

---

2)「内諾書」の受け渡しについて

　実習生は養成校より「実習のお願い」などの公文書を受け取り，自分で希望する施設と実習受け入れの交渉を行います。交渉の結果，受け入れが認められた場合，その証となる「内諾書」に必要事項を実習受け入れ施設に記入していただきます。

〈主な留意事項〉
①複数の実習生が同じ施設を希望している場合は，全員が電話口にそろったうえで代表者が電話をかけます。
②内諾を得るために実習施設を訪問する際は，あらかじめ電話をして訪問日時などに関するアポイントメントを取る必要があります。
③訪問の際は，服装（スーツ着用）や髪型などの身だしなみへの注意が必要です。
④訪問の際は，余裕を持って到着できるよう，約束した時間の10分前には実習施設に到着するように心がけます。

---

3) オリエンテーションについて

　施設実習の事前指導には，「養成校でのオリエンテーション」と「実習施設でのオリエンテーション」（Lesson 11 参照）の2つがあります。

（1）養成校でのオリエンテーション

　養成校でのオリエンテーションでは，実習に必要な書類一式が配付されますので，実習が始まるまでに必要事項を記入し，記載事項に誤りがないかどうかの確認をしておきます。「出席表」や「評価票」「健康診断書」などについて，各養成校が指定する書類の説明を受けます。また施設実習の場合，介護等の特別な配慮を必要とする児童等もいます。対応方法等を事前に学んでおくことも重要です。

（2）実習施設でのオリエンテーション

　実習施設でのオリエンテーションでは，実習内容をはじめ実習施設に提出する書類や準備物などの

確認をします。

- ・配属先や出退勤の時間について
- ・実習生調書（実習生の履歴書）の提出について
- ・健康診断書（胸部レントゲン）の提出について
- ・腸内細菌検査（検便）証明書の提出について
- ・その他抗体検査証明書（麻疹・風疹・流行性耳下腺炎）の提出についてなど

4）事後指導について（実習がすべて終了した段階で）

施設実習の事後指導には，実習施設で行われる日々の反省会や指導実習（責任実習）後の反省会があります。その内容についても 日誌や個人ノート，あるいは施設が指定するノートなどに記入しておきます。実習の最終日には「日誌」の未記入や施設内に忘れ物がないよう確認が必要です。

反省会の方法は施設によってさまざまですが，毎日の実習終了後に行われる施設もありますし，すべての実習が終了した段階で行われる場合もあります。なかには，実習生の実習の様子を動画等で撮影し，それをもとに中間的な反省会が行われる場合もありますが，ここでは全ての実習が終了したことを前提に，主な留意事項の説明をしておきます。

〈主な留意事項〉
①「施設実習出席表」の実習初日から最終日まで印鑑が押されているか確認します。
②最終日の「日誌」については，翌日に提出する場合は，指導担当者に受け取りの日時を確認します。
③施設内の清掃・整理・整頓をします。
④職員の方々，児童等にお礼の挨拶を済ませて退勤します。

養成校でも，次の学びに向けた反省会や報告会が行われます。「日誌」の提出や「実習報告書」の提出は実習終了後すぐに行われます。とりわけ「日誌」については，実習初日から最終日まで脱落がないか確認します。また，実習施設指導担当者の検印があるかどうかを確認します。

〈主な留意事項〉
①実習施設の指導で「日誌」が郵送で返却される場合は，返信用の封筒を準備します。
②返信用の封筒には自宅の住所・氏名を記入して切手を貼ります。
③養成校への提出日を伝えて返送の日時を確認します。
④封筒は「日誌」が入る大きさであることを確認します。

5）事後のお礼（挨拶）について

養成校にもどったら早めに実習施設への礼状を準備します。礼状はハガキではなく封筒で送ること

が望まれます。実習中のさまざまな出来事を思い出しながら，お世話になった職員の方々や児童等へお礼の気持ちを伝えます。

〈主な留意事項〉

①便せん，封筒は無地のものを使用します。

②丁寧な字で心を込めて書きます。

※同一施設に複数名でお世話になった場合，礼状は一人ひとり別々に書いたほうが良いでしょう。

③実習訪問などでお世話になった養成校の訪問指導者にも，実習終了の報告とお礼の言葉を述べます。

6）実習日誌の提出について

実習がすべて終了したら養成校に実習日誌等の提出を行います。養成校から指定された提出期限，提出者（場所）に定められた様式で提出を行ってください。実習が終了しても日誌の提出がなかった場合は単位が認められないことがあります。

〈主な留意事項〉

①養成校から示された提出期限を確認します。

②養成校から示された様式に沿った提出物がそろっているか確認します。

③定められた担当者，場所に確実に提出をしてください。

主な関連授業

・社会的養護Ⅰ，社会的養護Ⅱ，保育実習関連授業

ワーク

・自分が赴く実習施設について詳しく調べてみましょう。

・書類の提出期限などを守る必要性について考えてみましょう。

Lesson 10

実習施設でのオリエンテーションについて

1. 実習施設でのオリエンテーションの意義と目的

オリエンテーションはこれから行う実習に向けて，実習の心構えをつくる大切な機会となっています。施設で利用児／者がどのような生活を送っているのか，職員の様子，施設の雰囲気等を事前に知ることができます。また，施設側も受け入れる実習生のことを知る機会となっています。実習においてどのようなことを学びたいのか，実習に向けて事前に準備しておかなければいけないこと等も併せて確認をしておきましょう。

2. オリエンテーションの一般的な流れと内容

1) オリエンテーションの依頼

施設でのオリエンテーションは実習開始の約1か月前に施設に電話をかけ，オリエンテーションの日程を決めます。具体的な日程の調整は実習の担当者と行いましょう。

施設によっては実習を受ける学生全員を同日時に集めてオリエンテーションを行う場合もあります。オリエンテーションの日時が既に決定しており，学校側にその旨の連絡がきている場合もあるため，必ず事前に確認をして参加しましょう。

＜電話をかける際の注意点＞

○複数の学生が同じ実習施設で実習する場合には，それぞれが電話するのではなく，代表者1名が電話をかけるようにしましょう。一緒に行く学生は電話の際に近くにいるようにしましょう。日程調整の際に全員の予定を確認する必要があります。時期が複数にわたる際には，一括で行われるのか，それぞれの時期で行われるのかも併せて確認してください。

○実習先の種別を確認し，電話をかける時間帯に配慮してください。通所施設の場合は利用児／者の生活の流れを確認し，利用児／者の動きのある時間や食事の時間等，忙しい時間は避けるようにしてください。

○学校名・学年・氏名・実習期間を伝え，実習を受けていただいたお礼を伝えてください。その後，オリエンテーションの実施をお願いしたい旨を伝えてください。

○オリエンテーションの際の持ち物も併せて確認してください。

○実習初日にオリエンテーションを行うと指定された場合には，当日の持ち物や出勤時間・服装等を聞いておきましょう。また，宿泊実習で初日にオリエンテーションを行うと言われた場合，必要な持ち物や費用（宿泊費・食費等）について確認するようにしましょう。

2) オリエンテーションまでの準備

オリエンテーションまでに各自で準備をしておきましょう。

○実習先について調べておきましょう。実習先のホームページや学校内の資料等を見て実習施設の理念や方針，種別について理解しておきましょう。

○実習施設に行くまでの経路・乗り継ぎを調べておきましょう。遅れることのないように15分前には到着できるように時間を設定してください。また，当日の服装や持ち物に不備がないか確認しておきましょう。

○オリエンテーションには事前に聞きたいことをまとめてから臨むようにしましょう。オリエンテーションで確認してきたことが多いほど，充実した実習を送ることができます。下記の内容を参考にしながら，聞きたいことのメモを作成しましょう。

〈メモ内容の例〉
○実習先の方針・目標
　施設の概要・沿革
　施設の理念・支援方針・目標
　支援内容
　事業内容
　施設設備及び環境
　子どもや利用者の人数
　職員の人数と職種
○一日の生活の流れ
　子どもや利用者の一日の生活の流れや日中活動の内容
○実習期間中の予定
　実習生の配属先
　実習期間中の行事・活動の予定
　実習の予定（部分実習など）
　出勤時間・退勤時間
○その他
　持ち物
　実習中の服装
　通勤時の服装
　食費
　宿泊費

3）オリエンテーション当日

　オリエンテーション当日は遅れのないように公共交通機関を確認して行きましょう。

　服装や髪型など身なりを再度確認し，忘れ物にも気を付けてください。施設に伺った際は，職員をはじめ利用児／者，保護者等にもきちんと挨拶をしましょう。

4）オリエンテーション実施後

　オリエンテーション終了後は，実習日誌に必要事項を書き込んでおきます。また，オリエンテーションで確認してきたことを参考に必要な書類等があれば用意するようにしてください。各養成校によって異なりますので，教員に確認してください。

参考文献
・守巧，小櫃智子，二宮祐子，佐藤恵著『施設実習　パーフェクトガイド』わかば社，2014
主な関連授業
・社会福祉，子ども家庭福祉
ワーク
・電話のかけ方を友達やグループで実践してみましょう。

Special Lesson 1

「実りある施設実習にむけた準備と心構え」

母子生活支援施設サンライズ武蔵野 少年指導員

鶴橋 隆彦

さあ，いよいよ施設実習が間近に迫ってきましたね。保育所実習と違い，施設実習は，児童養護施設・母子生活支援施設・障がい者施設等，さまざまな種別で実習を行うことになります。希望通りの種別で実習できる方，そうではない方，また，就職先を保育所等とすでに決めている方もいるのではないかと思います。ですが，施設実習での経験は，保育所でも幼稚園でも，ご自身が現場に出たときに必ず役に立ちます。そう信じて，たくさんのものを吸収する気持ちで，前向きに臨んでほしいと願っています。

事前訪問の電話

第一に行うべきこととして，実習先施設へオリエンテーション等の事前訪問の都合を聞く電話をかけることが挙げられます。望ましい時間・言葉遣い・想定問答等は学校からきちんと指導があると思いますので，連絡を受ける側として，少しアドバイスをさせていただければと思います。まず，静かな場所，余裕のある時間に掛けることです。休み時間等に焦って連絡すると自分にも余裕がなくなってしまいます。また，ザワザワした周りの声などは，ご自身が思っている以上に，相手には聞こえているものです。

不安な気持ちもあり，電話の際に友人に近くに居てもらうという方もいますが，噛んでしまったり，ドギマギしたりしてしまい，自分や友人が笑っている，小声で話している声も結構わかるものです。緊張するからと，書いておいた台本を読むのは良いのですが，相手から想定外の受け答えが返ってくると，途端に固まってしまう方も見受けられました。「私，○月○日から実習でお世話になります，○○学校の○○と申します」に対し，こちらが挨拶を返しても台本には無いので「オリエンテーションの日程を伺いたく，担当の先生は…」と続けて，「読む」ことに必死の方もおりました。個人的には，尊敬語や言い回しが変ではないか等，あまり気にしていません。職員でもそれらを使いこなせない方もいますから。最低限のマナーだけを守って，あとは過度に緊張せず，リラックスしてかけてみましょう。さぁ，深呼吸！

情報収集

　次に実習課題の設定ですが，その前に重要なことが一つ。実習先の施設を知るということです。さまざまな種別の施設があることは，授業ではサラッとしか扱われないのではないでしょうか。実習を深めるためには，実習先の施設をさらに良く知る必要があります。図書館，実習指導室等の書籍，先輩方が残してくれた資料，専門に研究している教員のゼミ室など，色々な場所にヒントは隠れています。そのような所できちんと調べることもとても大切です。電車の乗り換えも，わからない漢字も，何でもスマートフォンで調べる時代ですが，検索結果がすべて正しいわけではなく，あくまで補助的な情報という前提に立つのであれば，スマートフォンで調べるのもありだと思っています。

　母子生活支援施設は，DV 被害を受けた方の入所があることから，住所等の情報は非公開であることが多いです。「母子について調べたのですが，探せませんでした」という声が多々聞かれます。きっと，実習先の施設名や母子生活支援施設というワードだけで探していると思います。「ひとり親」や「母子　支援」などというキーワードでたくさんの情報が得られると思います。

　もちろん，種別を知るだけでは不十分です。その施設と運営する法人を調べることにも取り組んでください。前述の場合，施設名では出てこなくても，法人ではホームページを作っていることもあります。どんな法人か，力を入れている取り組みは何か，他の業種の施設はあるか，同業種の施設は他にあるか，併設されている施設はあるか等を知ることはとても重要です。

　試験ではないので，暗記する必要もありません。スラスラ言える必要はありません。簡単で良いのでルーズリーフにまとめて書いておくと，いつでも確認することができます。

オリエンテーション

　次はオリエンテーションです。母子生活支援施設は住所非公開なので，スマートフォンの地図でも出てこないことが多いです。最近の施設はカタカナの名前も多く，スマートフォンで調べると，全く違う地域のマンションやアパートが出てくることもしばしばです。昨年１年間で，全く違う地域のマンションへ来てしまい，迷子になった方が数名おりました。これも時代なのでしょうか。施設を知るというところで，スマートフォンを活用しても良いのではとお伝えしましたが，それ「だけ」に頼ることはやめましょうということですね。

　さて，無事たどり着いたら，メモをしっかり取って，職員の話に耳を傾けましょう。嘘やごまかしはせず，わからないことはわからないと伝えましょう。きちんと準備しているみなさんなら大丈夫！

最後に

　最後に，母子生活支援施設での実習に向けての話をしたいと思います。

　母子生活支援施設は，集会室や保育室，心理相談室等はありますが，近年はキッチン，トイレ，風呂も居室内にある施設が多く，生活は全て居室内で完結します。みなさんが思っている「施設」のイメージとは少し違うかもしれません。また，日中，利用者の多くは，仕事，学校，保育所に通っているため，利用者が少ない時間帯もあります。そのため，他の生活施設と異なり，日課やプログラムはあまりありません。そのため，自身でやりたいことを明確にしておく，職員に質問する等，日中の時間をどう有効に使うかを考えておく必要があるといえます。

　自立支援計画に基づいて自立を支援する施設なので，何でもやってあげるのではなく，利用者が自分でできることを増やす，できない時・困ったときに適切な場所・人にSOSを出せるようになることを考えて支援をしています。

　私は常に，DVや虐待等で傷ついた利用者に「この人ならもう1度信じてみよう」と思ってもらえるような関わりを持つよう心がけています。そのためにはどうしたら良いか。それは裏切らないことの積み重ねだと思っています。裏切らないことの積み重ねとは，「些細なことでも何でも約束を守り続ける」という，簡単そうで難しいことでもあります。

　逆に，DVを目撃したり虐待を受けたりした結果，暴力・暴言ですべて解決できるなどと間違った学習をしてしまった利用者（特に子ども）や障がいや精神的な課題のある利用者に対して，ダメなことは絶対にダメ！と伝え続けることも大切だと考えています。

　みなさんにとっての実習の場は，利用者にとっては生活の場です。ちょっと極端な例ですが，みなさんの自宅に実習生という他人が来て，一緒にご飯を食べる，遊ぶ，勉強するということになったらどう思うでしょう。実習は居室に入ることはほぼないので，そこまでプライベートなスペースに入り混むことはないですが，生活の場に足を踏み入れているという自覚は持っておいてくださいね。

　「何でも疑問に思うこと，自分でも考えること，そして何よりも楽しんで実習でしかできないことに取り組んでほしい」と，私は実習生に伝えています。保育の難しい勉強だけでなく，アルバイトや友人関係等の日常生活でも鍛えられる「雑談力」と「そうぞうりょく（創造力，想像力）」を色々な場面で意識して，多くの引き出しを持つ人になってください。実習の場だけをうまく取り繕える人よりも，上手でなくても良いので，裏表がなく自然体で活動できる人になってほしいです。

　まだまだお伝えしたいことがたくさんありますが，担当ページが終わってしまいます。続きは…施設の現場で！　では，楽しく充実した実習を送ってくださいね！

Check! 1

ここで，施設実習の概要について振り返ってみましょう。

- [ ] 保育所保育士と施設保育士の共通点，相違点はどのようなことですか。(☞ Lesson 2)
- [ ] 施設実習の目的と内容はどのようなことですか。(☞ Lesson 2)
- [ ] 社会的養護を担う施設が果たす役割はどのようなことですか。(☞ Lesson 3)
- [ ] 社会福祉法はどのようなことを規定する法律ですか。施設実習との関連は。(☞ Lesson 4)
- [ ] 児童福祉法はどのようなことを規定する法律ですか。施設実習との関連は。(☞ Lesson 4)
- [ ] 障害者総合支援法はどのようなことを規定する法律ですか。施設実習との関連は。(☞ Lesson 4)
- [ ] 施設実習ではどのようなことを学ぶのですか。(☞ Lesson 5)
- [ ] あなたの実習生としての心構えを聞かせてください。(☞ Lesson 6)
- [ ] 施設実習において実習記録はどのような役割を果たしますか。(☞ Lesson 7)
- [ ] 保育所実習の実習記録と施設実習の実習記録の違いはどこにありますか。(☞ Lesson 7)
- [ ] 施設実践において支援計画の立案はどのような意味を持っていますか。(☞ Lesson 8)
- [ ] 省察を踏まえた，あなたが施設実習で取り組むべき課題は何ですか。(☞ Lesson 9)
- [ ] 施設実習の流れと手続きについて自身でリストを作成してみましょう。(☞ Lesson 10)
- [ ] 事前オリエンテーションにおいて確認しておくべき事項は何ですか。(☞ Lesson 11)
- [ ] Special Lesson 1 の内容を読み，実習生としてどのような準備が必要だと考えましたか。(☞ Special Lesson 1)

　あなたにとって，施設実習に臨み体験することでどのようなことを得ようとしているのか考えることは重要です。単に知らないことが学べて良かった，では専門性は育まれません。実習に臨む姿勢を明確にし，多くの学びが得られるような動機づけが必要です。

Part 3
Section 1

保育実習Ⅰ（施設）に取り組む

実習施設の概要について学ぶ

1. 利用児／者と施設の理解

　施設実習の配属先は多様です。乳児院は生後間もない子どもたちから生活していますし，児童養護施設では高校生，場合によっては短大などに通っている利用者もいます。また障害のある子どもの施設や障害のある大人の施設も含まれます。さらに，彼らが施設を利用する目的もさまざまで，施設ごとに利用児／者の年齢および発達状況や福祉ニーズは異なり，保育士等職員が提供すべき福祉サービスの内容は違ってきます。

　施設実習の配属先が多様であることは，それぞれの施設について詳細に学ぶことを難しくさせます。ただし，配属先施設の状況について知らなければ，充実した学びは得られません。何より事前に十分な学習なしに実習を行うのは，利用児／者，職員など配属先施設の方々に失礼です。配属先の施設が決定したら，その配属先の施設種別において目的とされている事柄について，保育所実習の事前学習までに学ぶ内容と同様のレベルまで学んでおく必要があります。

　保育士は保育所だけでなく，社会的養護を担う施設や障害のある子どもを対象とした施設などで生活支援をする専門職です。ですから，対象の年齢や発達，福祉ニーズの違いに応じて生活支援および家庭支援を行う専門性を保育士は持つことが求められます。そのために配属先施設の利用児者および施設に関して，十分に理解を深めておく必要があります。

2. 生活の場であることを理解する

　施設実習の配属先は，大きく入所施設と通所施設に分けられます。入所施設は利用児／者が家庭から離れて暮らす場です。通所施設は家庭から日々通う場です。どちらも利用児／者が長時間過ごす場ですので，彼らが安心して過ごせるよう，実習生は配慮しなければなりません。特に入所施設は利用児／者にとって，もう一つの家庭であり，生活の場です。そのため，そこで実習を行う実習生は利用児／者の生活を守るという観点から実習を捉え，彼らの生活に配慮しなければなりません。

　想像してみてください。あなたの自宅に突然知らない人がやってきて，「実習させてもらうために来ました。」「何かお手伝いすることはありますか？」「このアイドル好きなんだ？　私も好きだよ。」など言われたとしたらどう感じるでしょうか？　わずらわしさを感じる方が多いのではないでしょうか。また，生活の中には見られたくない場面や物などがあるでしょうし，何より知らない人が家庭にいるというのは落ち着かないことですよね。さらに，被虐待体験や障害等による生活のしづらさを持つ利用児／者は自身の課題に向き合うことで精一杯で，他の誰かにわずらわされることは迷惑でしかないこともあります。利用児／者の安定した生活が脅かされることがあるかもしれません。

　生活の場にみなさんが入っていくというのは，こうした影響を利用児／者に与える可能性があるのです。生活の場に入れてもらうのですから，そこでの態度が利用児／者に対して失礼のないように，そして充実した学びが得られるように事前学習で施設での生活の理解を深める必要があります。

3. 入所理由／障害特性を理解する

　配属先施設における支援について学ぶためには，利用児／者の入所理由および障害特性などについて理解することが必要です。例えば児童養護施設に入所しているAくんは非常に落ち着きがなく，ゆっくり座って食事をするのが難しい状況だとします。この状況を聞いて，どのような支援が適切と

考えるでしょうか。その要因が分からないと適切な支援を立案することはできません。このケースの場合，Ａくんは父親から身体的虐待を受けてきた体験を持ち，いつ父親に殴られたり蹴飛ばされたりするか分からない環境で育ってきました。そのため，いつも神経過敏な状態でいざるを得ないのです。このような背景がある場合には，安全で安定した生活の提供や，特定の職員との継続的な信頼関係の構築などが支援として必要になります。しかし，しつけの欠如が問題の背景としてあるとしたら，また発達障害から来る行動だとしたら，それぞれ対応の方法は異なることになります。このように，同じ「落ち着きがない状況」であっても，その状況に対する適切な支援の方法は異なります。利用児／者の生育歴や障害，病気の状況を理解しておかないと適切な支援を行うことができないのです。

　ただし，こうした背景について配属先から教えてもらっても，専門的知識がなければ適切な支援を行うことはできません。先ほどのＡくんの事例の場合はどうでしょうか？　虐待のメカニズムと被害に遭った子どもたちが被る影響について学校で学んでいると思いますが，それらについて再度確認して，実習の際に使えるようにしておくことが必要です。配属先が決定したら，その施設の利用児／者の特徴について，事前に確認し，学び直しておきましょう。

　なお，利用児／者の生育歴や入所理由，障害特性については個人情報保護の問題から，詳細に伝えてもらえることができないかもしれません。それでも実習生として関わる際に必要な情報は職員から伝えてもらい，対応に関して配慮すべき点を理解しておく必要があります。

4. 退所後を見越した支援を理解する

　さらに利用児／者の支援について考える際には，その背景だけでなく先を見越していくことも必要となります。児童を対象とした施設の場合には，必ず一定の年齢までに退所を迎えます。退所後の生活を見越した支援が必要となります。児童発達支援センターに通っている子どもたちは，就学を迎えた後，どのような支援を受けるのでしょうか。児童養護施設を退所した子どもたちはどのような生活をすることになるのでしょうか。そう考えると配属先の施設を利用している間にすべき取り組みが分かると思います。また，そうした視点で配属先施設の職員の業務を捉えることも必要です。

参考文献
・全国保育士養成協議会編『保育実習指導のミニマムスタンダード Ver.2』中央法規出版，2018

主な関連授業
・社会的養護Ⅰ，社会的養護Ⅱ，子ども家庭福祉，社会福祉

ワーク
・自分と他の学生の配属先施設の相違点と共通点について考えてみよう。

Lesson 13　乳児院について学ぶ

1.　入所理由と家庭背景

　乳児院は，児童福祉法第 37 条に基づき，何らかの理由により家庭での乳児の養育が困難な家庭に代わって乳児を預かります。保育士や看護師，栄養士，調理師，家庭支援専門相談員，里親支援専門相談員，医師，心理士などがチームとなって 24 時間 365 日体制で子どもの養育と退所後の支援を行っています。

　一時的な預かりを行う保育所とは大きく異なり，子どもたちは，1 日 24 時間のすべてを乳児院で過ごしている点では児童養護施設と同様です。

　入所する理由として，父母の精神疾患等の病気が多くあげられますが，ネグレクト等の虐待や母が未婚であるため，家庭での養育が難しいという理由もあげられています。望まない妊娠に加えて，妊娠しても産婦人科を未受診のまま飛び込み出産し，子どもを受け入れられない，育てられないといった事情から，家庭での養育が困難であると判断された場合など，入所となります。

　乳児院を利用するためには，まず児童相談所に相談をして，入所を認めてもらう必要があります。児童相談所が，家庭での養育が可能と判断した場合は，乳児院の利用はできません。

　入所は半年程度の短期とそれを超える長期に分かれ，子育て支援を目的とする場合は短期間での入所。子どもが重い障害を抱えている，兄弟姉妹が同じ施設にいる，家庭復帰や措置変更に時間を要するなど，ケアの環境が必要である場合は，長期間の入所となります。

　また，2004 年の児童福祉法改正によって，「保健上，安定した生活環境の確保その他の理由により特に必要のある場合」には，小学校就学前であれば保護・養育を行うために入院し続けることも可能になりました。子どもが退所した後の生活も視野に入れて，養育者が自信を持って子育てができるように，子どもが入所しているときから養育者を支えていきます。

2.　生活と支援

　子どもは，特定の大人との継続的な関わりにおいて，自分が大切にされているという実感を持つことで，情緒的な愛着が深まり情緒が安定し，人への信頼感をはぐくみます。この基本的な信頼感を基盤として，徐々に身近な人に働きかけ，発育発達とともに行動範囲を広げていきます。そのため乳児院では，集団で生活するなかでも，一人ひとりの子どもの発達や性格を理解し，支えていく必要があります。

　乳児院では，適切な環境で安心して生活し，すこやかに成長できるような養育を行います。生活のリズムの形成をするため，心や体の安定や発達を促進する睡眠，発達に合わせた食事，排泄のトレーニング，入浴や沐浴を一般的な家庭と同じように展開します。

　成長するにつれて，食事や遊びの中に日本の風土や四季を感じさせることができるような仕掛けを織り交ぜることで，子どもの興味・関心の対象が広がります。認識力や社会性が発達するとともに，基本的な生活習慣を獲得していくのです。

　また，子ども同士で遊ぶことで，自分の感情や意志を表現しながら，自己表現や他者との関わり方，他者の視点を認識していきます。こうした体験を通じ，道徳性や社会性の基盤がはぐくまれていくのです。

　これら乳幼児の基本的な養育機能に加えて，乳児院には虐待を受けた子どもや病児・障害児などに

対応できる専門性の高い養育機能が求められます。乳児院は、乳児にとって家庭のような存在です。養育者による養育がなされない乳児にとって、乳児院は自分が生活する家そのものであり、乳児院保育士は養育者そのものなのです。

　乳児院を退所したあとのアフターケアも、乳児院で働く職員の大事な仕事です。基本的には1歳になる前に家庭復帰や、里親委託、児童養護施設での養育に措置変更をしますが、前述のように小学校入学前まで養育する場合もあります。家庭に復帰することが望ましいとされているため、乳児院での子どもの養育のほかに、養育者と子どもとの面会を実施し、養育者と子どもとの関係が深まるよう支援を行っています。また、養育者が子育てで困ったときや不安になったとき、どうしてよいかわからなくなったときなどにベテランの保育士や看護師が電話で相談を受けつけています。乳児院によっては、保育士や看護師、栄養士が育児相談や離乳相談、栄養相談に応じています。

　養育者が病気などで子どもと長く離れていた場合、子どもとの接し方に困ることがあります。そういった養育者達に対しては、子どもとの接し方や養育方法などをアドバイスしたり、子どもの性格や乳児院でのふるまいを伝えて連携したりすることも、乳児院で働く保育士の役割です。

3. 実習の特徴

　乳児院に入院する子どもの対象年齢は、基本的には乳児（1歳未満）ですが、実際には2歳〜3歳まで入所していることも多く、特色として低年齢児を養育する施設であると言えます。実習に際しては乳児のケア以外にも、子どもの発達について学んでおきましょう。特に乳児は言葉でコミュニケーションを取ることができないため、大声や泣き声で感情を表します。気になる点があった場合、すぐに保育士に相談しましょう。

　乳児院は24時間365日運営されており、乳児たちの家となります。そのため、決められた時間に勤務するのではなく、シフト制で保育を行っている施設がほとんどです。日中と夜間での勤務で配慮していることを聞いてみましょう。

　また、乳幼児は感染症にかかりやすく、集団で生活をしている乳児院は集団感染の危険をはらんでいます。どのように予防をしているのか、また感染症が発生した場合の人員配置や、子どもの生活がどのように変化するのか聞いてみましょう。

参考文献
・全国乳児福祉協議会　https://nyujiin.gr.jp/

主な関連授業
・子ども家庭福祉，子ども家庭支援論，乳児保育

ワーク
・子どもの心身の発達について、特徴を書き出してみましょう。
・養育者に代わって育てる難しさを話し合ってみましょう。

児童養護施設について学ぶ

1. 入所理由と家庭背景

　児童養護施設は，「保護者のいない児童（乳児を除く。ただし，安定した生活環境の確保その他の理由により特に必要のある場合には，乳児を含む。），虐待されている児童その他環境上養護を要する児童を入所させて，これを養護し，あわせて退所した者に対する相談その他の自立のための援助を行うことを目的とする施設とする。」（児童福祉法第41条）と規定されています。

　対象年齢は1歳から満18歳までであり，約7割が家庭から，約2割が乳児院から入所してきます。ただし，必要な場合は乳児からの入所が認められ，退所の時期についても就職や進学など子どもの状況に応じて20歳まで施設に在籍することができます。

　厚生労働省（2015年）によると，養護問題発生理由として最も多いのは親による虐待・ネグレクトで全体の約4割となっており，施設入所に緊急的，直接的に結びつきやすい虐待・ネグレクトの割合が高いです。その他にも親の精神疾患が12％，破産等の経済的理由が6％ほどですが，近年，施設入所の理由は単純ではなく複雑で重層化しており，さまざまな要因や理由が背景に潜んでいることが多いです。入所後になって当初とは別の課題が明らかになることもあります。実際には，入所している子どもの約6割は過去に何らかの虐待を受けた経験があり，約3割は何らかの障害（知的障害，ADHD，広汎性発達障害など）を抱えているため，治療的な養育・支援が求められています。

　また，入所する子どもの約8割は，両親またはひとり親のいる子どもであり，入所後も何らかの形（帰省，面会，電話・手紙連絡など）で家族との交流が継続されています。平均在所期間は約5年で，保護者のもとへ家庭復帰する見通しのある子どもは約3割となっています。

2. 生活と支援

　児童養護施設には大舎制（1舎あたりの定員20名以上），中舎制（定員13〜19名），小舎制（定員12名以下），小規模グループケア（定員6〜8名），グループホーム（定員6名）などの形態があり，それぞれ日課やプログラム，職員の配置数や役割分担等が異なります。

　子どもたちの生活は年齢によってさまざまですが，概ね一般家庭の子どもたちと同じような生活を送っています。朝は起床して食事をし，幼稚園や学校に通います。小学生は学校から帰宅すると家庭学習を済ませてから遊びに出かけるなどします。夕方には調理担当の職員がキッチンで夕食を作りはじめ，子どもたちが調理や配膳の手伝いをしてくれるなどします。夕食はみんなで食卓を囲み，おいしく楽しく食事をします。その後は，テレビやゲーム，おしゃべりや読書などリラックスして穏やかな時間を過ごし，歯磨きをして就寝します。

　子どもたちの心身の成長や情緒の安定を図るためにも生活リズムを整えることが必要であり，そのため1日の生活の流れはある程度決まっています。ただし，高校生などは部活の朝練のため早朝に出発したり，夜はアルバイトや通塾などで帰宅が遅くなったりすることもあるため，食事や入浴の時間も柔軟に対応しています。休日は買い物に出かけたり，映画や外食を楽しむなど余暇を過ごしたりもします。

　職員は子どもたちが安心・安全で，当たり前の生活を送れるよう環境を整え，子どもとの愛着関係や基本的な信頼関係を大切にしながら，①生活支援，②回復をめざした支援，③学習支援，④自立支援，⑤保護者支援，⑥アフターケアなど，さまざまな支援を行っています。

　また，支援にあたっては自立支援計画を作成しています。子どもの心理・発達・健康・生活の状況，学校での様子，保護者の状況などの家庭環境等，さまざまな情報を総合的に把握し，子どもの課題に応じた具体的な支援内容や到達目標を検討していきます。その際，子どもと家族の意向や希望も計画に反映させ，子どもと家族の同意を得た上で支援を実施します。

　職員は保育士や児童指導員のほかに，心理的ケアを担当する心理療法担当職員，児童相談所との連携のもと保護者への相談援助や家族関係の調整を行う家庭支援専門相談員，個別ケアの必要な子どもへの一対一の対応を行う個別対応職員なども配置されており，さまざまな専門職が連携しながら子どもの養育・支援にあたっています。

3．実習の特徴

　実習生はホームや寮（子どもたちの生活単位ごとのグループ）に配属されます。1日の生活の流れに沿って，職員の補佐的な立場で子どもたちに関わり，子どもとの関係性を深めていきます。基本的生活習慣，衣食住に関する支援，子どもへの対応，ホームの環境整備（掃除，家事等）など職員の業務は多岐にわたり，みなさんも実習中にこれらの業務や支援を観察・体験します。しかし，単にそれらの方法を知ったり学んだりするだけにとどまるのではなく，さまざまな角度から物事を捉え直してみること，その一つひとつの意味や重要性を学ぶこと，そして自分なりに考察してみることが大切です。これによって学びの幅の広がり，より深い理解が得られるようになるでしょう。

　例えば，「ホームの環境整備はなぜ必要なのか，家事を通して子どもに何を伝え体験させたいのか，それらは子どもたちの自立に向けてどのような意味があるのか」，「職員は子どもの言動の裏にある背景や気持ちをどのように受け止め理解し，どのような意図や見通しを持ちながら子どもに対応しているのか」，「子ども同士の関係調整や集団としてのまとまりをどのように作っていくのか，その際の工夫や配慮事項は何か」，「施設内の子ども会やミーティング等，子ども自身が自分たちの生活について主体的に考え発言できる場と機会があることは，どのような意味や重要性があるのか」等，自分の目的意識やテーマを具体的にもちながら臨むことで，実習がより意義深いものとなるでしょう。わからないこと疑問に思ったことは積極的に職員に質問して，解説や助言を求めるとよいでしょう。

　また，虐待経験のある子どもや障害を抱える子どもへの治療的な養育・支援，職員同士や他の専門職との役割分担と連携，児童相談所など他機関との連携，自立支援計画などにも着目し，広い視野をもって実習内容の理解に努めるとよいでしょう。

参考文献
・社会福祉法人東京育成園編『児童養護施設　東京育成園　実習ハンドブック』2016
・厚生労働省「児童養護施設入所児童等調査」2015
・厚生労働省「児童養護施設運営指針」2012

主な関連授業
・社会的養護Ⅰ，社会的養護Ⅱ，保育の心理学，子ども家庭支援論，子どもの理解と援助，子育て支援

ワーク
・児童養護施設運営指針の養育・支援の各内容を確認し，その意味と重要性を書き出してみましょう。
・虐待を受けた子どもや障害を抱える子どもへの支援や関わり方，配慮事項について調べてみましょう。

児童自立支援施設について学ぶ

1. 入所理由と家庭背景

　児童福祉法第44条に「児童自立支援施設は，不良行為をなし，又はなすおそれのある児童及び家庭環境その他の環境上の理由により生活指導等を要する児童を入所させ，又は保護者の下から通わせて，個々の児童の状況に応じて必要な指導を行い，その自立を支援し，あわせて退所した者について相談その他の援助を行うことを目的とする施設とする。」と規定されています。非行などの「行動上の問題」がある子どもたちが入所し，集団での規則正しい生活や治療プログラムを通して，彼らの「行動上の問題」が生じることがないよう支援する施設です。入所児童は施設内の学校（分校または分教室等）に通い，生活を支援するスタッフと教育を担うスタッフが協力して入所児童の支援にあたります。

　厚生労働省の調査によると，養護問題発生理由としては「母の放任・怠だ」が最も多く，「父の虐待・酷使」，「父母の離婚」，「母の虐待・酷使」，「母の精神疾患等」が続きます。先ほど，施設に入所する子どもたちは不良行為や非行などの「行動上の問題」があると紹介しましたが，このように適切に子どもが育てられなかった結果として，不良行為や非行が生じることになったと言えます。入所時の年齢は平均13.1歳で，3分の2の子どもたちは13歳または14歳で入所します。平均在所年数は1.0年です。児童養護施設と同様に措置制度の下にある施設ですので，児童相談所の決定により利用が始まりますが，家庭裁判所からの送致による子どもも2割程度います。また，発達障害や知的障害などの障害を有する子どもは5割弱います。

2. 生活と支援

　児童自立支援施設では「枠のある生活」という概念を用いて支援を行っています。「児童自立支援施設運営指針」では「施設内での生活という限定された時間的・空間的な枠組みの中で，子どもの自立を支援するための一定の「枠のある生活」とも言うべき保護・支援基盤が重要である。ただし，規則の押し付けや管理のためとなってはならない。」（p.6）と記されています。適切な養育が受けられなかったために，また不適切な対応を親からされていたために，「行動上の問題」が生じるのですから，適切な生活習慣や対人関係を身につけるためのものと考えると良いでしょう。**図15-1**に記されている通り，子どもたちはタイムスケジュールに従って日々暮らしていきます。施設によってはスポーツや農作業等を通した治療プログラムを置いているところもあります。このような形で子どもたちの生活のほとんどは施設内で展開します。

　こうした枠組みと同時に職員との関係形成も重要となります。「行動上の問題」は行動自体を親から学んだ面もありますが，そうせざるを得ない状況が親との関係において生じさせられたという面もあります。例えば，親からの注目を浴びずに育った子どもは，意識的または無意識に親に注目してもらおうと万引きなどの「行動上の問題」を起こすことがあります。身体的虐待を受けた子どもは，その怒りを暴力として他者に向けることがあります。こうした行為の背景には満たされない想いや愛着形成上の問題があり，施設職員との信頼関係の形成は重要となります。

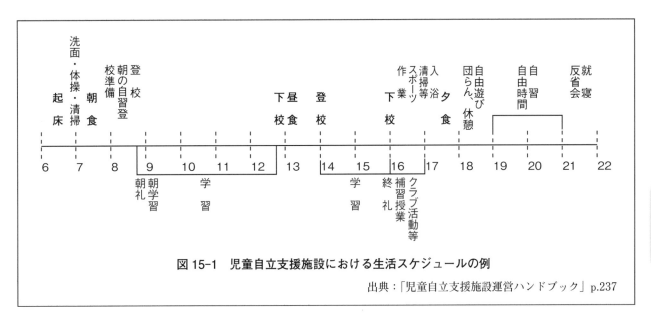

図 15-1　児童自立支援施設における生活スケジュールの例

出典：「児童自立支援施設運営ハンドブック」p.237

3. 実習の特徴

　不良行為を行う，また行うおそれがある子どもたちが入所していることを知ると，実習生の中には身構えてしまう方もいるかもしれません。実際に口調などが荒い入所児童もいます。ただし施設ではそうした行為が生じないように「枠のある生活」を設定していますので，実習生が怖い思いをすることはないでしょう。むしろ実習生自身が「行動上の問題」にばかりとらわれていると，彼らの姿を誤って認識してしまう可能性があります。「行動上の問題」がどうして起きたのかという点について着目し，考察する必要があります。

　実習自体は入所児童と生活をともにするという形で行われます。食事や団らんをともにしたり，一緒に清掃をしたりします。学習やスポーツなどをしている場面を観察することもあります。入所児童は中学生年代が中心ですから，遊ぶというよりは会話を通してコミュニケーションを図ることが多いでしょう。

　なお，施設によっては必要以上に入所児童に話しかけることを禁止しているところもあります。また入所児童同士および実習生との個人情報の交換等が禁止されていることがあります。これらは支援の枠組みとして設定されています。こうした，施設が設定している枠組みを尊重し，壊さないように配慮しながら，実習生自身も「枠のある生活」の中で子どもたちと関わり，観察し，考察してみてください。そして疑問に感じたことは職員に助言を求めてください。

参考文献
・厚生労働省「児童自立支援施設運営指針」2012
・厚生労働省「児童自立支援施設運営ハンドブック」2014
・厚生労働省「児童養護施設入所児童等調査の結果（平成25年2月1日現在）」2015

主な関連授業
・社会的養護Ⅰ，社会的養護Ⅱ，子ども家庭福祉

ワーク
・「児童自立支援施設運営指針」および「児童自立支援施設運営ハンドブック」を読み，「枠のある生活」がどのようなものなのかについて調べみよう。

児童心理治療施設について学ぶ

1. 入所理由と家庭背景

児童福祉法第43条の2に「児童心理治療施設は，家庭環境，学校における交友関係その他の環境上の理由により社会生活への適応が困難となつた児童を，短期間，入所させ，又は保護者の下から通わせて，社会生活に適応するために必要な心理に関する治療及び生活指導を主として行い，あわせて退所した者について相談その他の援助を行うことを目的とする施設とする。」と規定されています。対象となるのは，「心理的困難や苦しみを抱え，日常生活に生きづらさを感じている子どもたちで，心理治療が必要とされる子どもたち」（「情緒障害児短期治療施設運営ハンドブック」p.13 ※以下「ハンドブック」）です。こうした児童に対して保育士や児童指導員などの生活支援スタッフと，医師や看護師，心理療法担当職員などの治療スタッフが協力して生活の中で治療および支援をするのが児童心理治療施設です。

厚生労働省の調査（平成25年）によると，養護問題発生理由としては，「母の虐待・酷使」が最も多く，「母の精神疾患等」，「父の虐待・酷使」，「母の放任・怠だ」が続きます。児童養護施設などにも被虐待児は入所していますが，この施設に入所する児童の方が深刻な被害を受けていることが多いようです。虐待経験がある入所児童は7割を超え，児童養護施設（約6割），児童自立支援施設（約6割）と比較しても多くなっています。入所時の年齢は平均10.6歳で，小学校高学年から中学校の年齢の児童が多く入所しています。平均在所年数は2.1年です。児童養護施設と同様に措置制度の下にある施設ですので，児童相談所の決定により利用が始まります。発達障害や知的障害などの障害を有する子どもは7割います。

2. 生活と支援

児童心理治療施設での生活は児童養護施設と大きく変わることはありません。子どもたちには治療の観点が必要となりますが，基盤となるのは子どもたちが安心感，安全感を抱ける生活環境の提供です。被虐待体験を持ち，日々不安を感じながら生活していた子どもたちにとって，安心感，安全感を抱ける当たり前の生活は，落ち着いた状態で治療を進めていくために必要な環境となります。

生活支援スタッフはこうした環境を物理的な面だけでなく，子どもたちとの信頼関係の構築を通して構築していくのです。その中で日課は大きな軸になります。「ハンドブック」には「連続性」と「予測性」の重要性について説明されています。「起きる・食べる・眠る」といった生きるための基本となる日課の連続が毎日繰り返され，積み重なっていくことが子どもたちは次に何が起こるのかを予測でき，落ち着いて生活できるようになります。「いつ叩かれるか分からない」，「次に食事が食べられるのがいつになるかわからない」という状況で暮らしてきた子どもたちにとって，こうした「連続性」と「予測性」は安心感，安全感を提供します。

こうした安定した生活基盤があってこそ治療が効果をあげるものになるのです。そして生活支援スタッフと治療スタッフの連携においては，お互いの業務内容や専門性を理解し，尊重し合う姿勢が必要となります。チームワークが支援体制の基礎となります。

3. 実習の特徴

実習生は子どもたちの生活を支える役割を担います。入所児童が小学校高学年から中学生の年齢の

子どもたちですから，食事をともに過ごしたり学習支援をしたりするなど，規則正しい日常生活を一緒に送る中で，子どもたちと関わることになります。治療が必要だからといって，いつでも問題行動を取っているわけではありません。その子の年齢や発達に合わせた対応をすることが求められます。一方，子どもたちの不適切な言動や情緒の不安定さなどが生じていることに気づいた場合には，職員に連絡するとともに，不適切な言動を注意する，不安定な子どもに寄り添うなどの適切な対応を取ることが求められます。**図16-1**のように，生活の中におけるすべての対応が，施設全体の治療の枠組みにおいて重要な役割を果たすことを認識しておく必要があります。

同時に治療スタッフとの連携についても目を向けると学びが深められるでしょう。医師や心理療法担当職員がどのような形で入所児童の治療に当たっているのか，どのような専門性を用いて何をしているのか着目

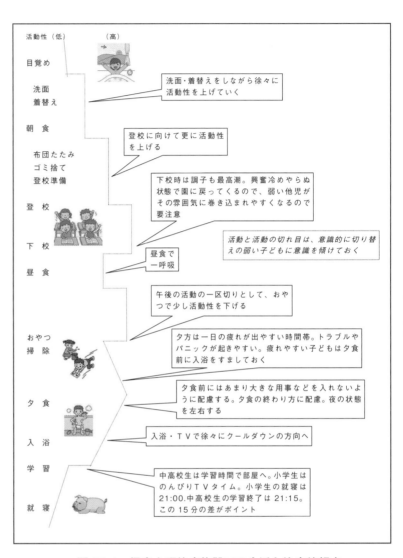

図16-1　児童心理治療施設での生活と治療的視点
出典：「情緒障害児短期治療施設運営ハンドブック」

してください。生活支援スタッフとは異なる子どもたちへのアプローチの仕方を見ることができるでしょう。さらにそうした連携における配慮についても着目し学んでください。

参考文献
・厚生労働省「情緒障害児短期治療施設運営指針」2012
　https://www.mhlw.go.jp/bunya/kodomo/syakaiteki_yougo/dl/yougo_genjou_06.pdf
・厚生労働省「情緒障害児短期治療施設（児童心理治療施設）運営ハンドブック」2014
　https://www.mhlw.go.jp/seisakunitsuite/bunya/kodomo/kodomo_kosodate/syakaiteki_yougo/dl/yougo_book_4.pdf
・厚生労働省「児童養護施設入所児童等調査の結果（平成25年2月1日現在）」2015

主な関連授業
・社会的養護Ⅰ，社会的養護Ⅱ，子ども家庭福祉

ワーク
・「情緒障害児短期治療施設運営指針」および「情緒障害児短期治療施設運営ハンドブック」を読み，生活支援スタッフが行う治療的視点による具体的な取り組みとは何かについて整理してみよう。

Lesson 17 児童相談所一時保護所について学ぶ

1. 入所理由と家庭背景

　児童相談所一時保護所は，子どもを家庭や社会的養護の場へとつなぐ重要な機関であり，児童福祉法第33条（「児童相談所長又は都道府県知事等が必要と認める場合には，子どもを一時保護所に一時保護し，又は児童福祉に深い理解と経験を有する適当な者（機関，法人，私人）に一時保護を委託することができる。」）に基づいた入所施設です。一時的に生活をする場であるため，入所期間は最長二か月に定められていますが，場合によっては期間を延長することがあります。

　入所理由として養育者からの虐待が多くあげられます。ほかに迷子，両親の離婚・逮捕・死亡・行方不明などの理由から緊急に保護する必要が生じた場合，警察から通告を受けた場合，家庭裁判所から送致される子どもを保護する緊急保護，援助方針を決定するための行動観察，通所よりも入所での指導・カウンセリング・生活指導が有効であると判断された場合などの短期入所指導があります。家出や盗みや性的問題，暴言暴力などの非行児に対しても短期入所指導を行っています。

　入所理由は多様であり，養育者に対する思いや傷つきの度合いなど，子どもたちが抱える問題は一人ひとり異なることから，個別性の高い柔軟な支援が求められます。

　家庭背景は一概には言えませんが，入所理由や子どもの特性に関係なく，①養育者からの衣食住の提供が不十分であった，②暴力や暴言を受けている，激しい夫婦喧嘩を目撃するなど，子どもの成長を阻害するような危険な状態にさらされていた，③養育者から必要な関わりがなかった，④学校でいじめを受けたことがある，など子ども自身が安心できる居場所がなかったことがあげられます。

2. 生活と支援

　「一時」的な入所施設のため，子どもは流動的に入れ替わります。また，家庭へ復帰したり社会的養護の場へ移ったりするまでの橋渡し的な場であり，一人ひとりの入所期間も異なります。

　一時保護所内での生活の支援には，子どもが安全で安心して生活できる環境づくりが求められます。子どもの生命に危険が及ぶため一時保護に至った子どもも多く，一時保護所に入所する間は，さまざまな制限がある中で生活をします。

　子どもたちの多くは，家族や友人，学校から突然引き離されたため，不安感が高く，精神的に混乱している可能性があります。そのため，同じ学校・クラスの子どもや，居住地が近く顔見知りの子どもがいないかなどを調べて入所します。お互いのことを知っている可能性があり，関わりを避けたい場合は，居室を離すなど，館内で顔を合わせることがないように工夫をしています。

　養育者からの奪還を防止するために，GPS機能がついている携帯電話や外部と連絡が取れる機器，金銭等，保護所内で生活するのに不要な所持品は一時的に預かります。

　子どもの中には，虐待を受けた被虐児，養育者や友達・学校の先生などに暴力をふるうような加害児が混在しています。自傷癖のある子どもと，他害を理由に入所した子どもが同一の施設で生活するため，自傷他害の可能性を持ちうる物も預かり，貸し出しの際は十分に配慮を行います。

　一時保護所の生活は，お互いの生活リズムの違いからストレスを抱えることがないよう，幼児・学齢児の性別や年齢でグループを分ける工夫をし，個別または必要に応じて集団で1日を過ごします。職員は子どもたちの入所以前の生活文化に理解を示しつつも，退所後の生活を視野に入れて，朝起きて決まった時間に食事をして，入浴をして清潔を保ち，夜になったら寝るなど基本的な生活習慣や日

常生活に必要とされるマナーや他者との関わり方を大まかな日課によって身につけられるようにしています。このとき，他の子どもと退所後に関係を作ることがないよう注意することが必要です。

　先述した通り，一時保護所で生活している際は，入所している子どもたちは自由に外出することができないため，学校へ通うことができません。そのため，午前中は学習し，午後はレクリエーションを行うことが生活日課の標準となります。学習は子どもの通う学校と連携して行います。

　午後のレクリエーションは，外出する機会がほとんどない子どもたちにとって，リフレッシュできる時間です。内容は運動や読書，ゲームなどさまざまですが，四季の行事や自分の誕生日を祝ってもらった経験がない子どももいますので，どのようなレクリエーション内容によって子どもの自己肯定感を高めているのか，施設職員に尋ねてみましょう。

　一時保護所に入所している期間，子どもは児童福祉司や，場合によっては養育者や子どもが関連する施設の関係者などさまざまな人と面談を繰り返します。面談の場では，自分の思いを上手く伝えられない子どもも少なくありません。時には子どもの意見を代弁することができるよう，子どもと向き合う必要があります。制限が多い一時保護所で，子どもと職員がどのように関係を築き，支援をしているのか，よく観察してみましょう。

3. 実習の特徴

　子どもが「親に連れ戻されるのではないか」と不安な生活を送らないように，一時保護されていることが外部に知られないよう，住所や電話番号の取り扱いには十分気をつける必要があります。また，日誌を施設内で記入して，同日に提出する施設もあり，柔軟に対応できるようにしましょう。また，シャープペンシルやメモ帳など，持参できる所持品について施設職員に質問しましょう。

　先述したとおり，子どもたちは入所中に学校へ通うことができません。教育権をどのように保障しているのか，質問してみましょう。

　入所した子どもたちは，大人の反応を見ています。不安感から暴言やイライラした感情を表す子どもも少なくありません。また，過剰に甘えてくる子どもや，職員の言うことを素直に聞き，不適応な行動をとっていた子どもを耳打ちしてくる「優等生」的な子どももいます。一概に注意したり，その場に応じて対応したりするのは簡単ですが，その言動や行動の背景に隠れている心情やその子どもが暮らしていた元の生活を考えてみてください。一時保護所で働く保育士は，退所後の生活も視野に入れて，子どもが正常な人間関係を築けるよう，根気強く支えていく必要があります。

参考文献
・和田一郎著『児童相談所一時保護所の子どもと支援——子どものケアから行政評価まで』明石書店，2016

主な関連授業
・子ども家庭福祉，子ども家庭支援論，乳児保育

ワーク
・子どもに試し行動をされた場合，どう対応するか書き出してみましょう。

母子生活支援施設について学ぶ

1. 入所理由と家庭背景

　母子生活支援施設とは，児童福祉法第 38 条において「母子生活支援施設は，配偶者のない女子又はこれに準ずる事情にある女子及びその者の監護すべき児童を入所させて，これらの者を保護するとともに，これらの者の自立の促進のためにその生活を支援し，あわせて退所した者について相談その他の援助を行うこと」を目的とする施設とされています。児童福祉施設の中でも母子が一緒に入所できる施設となっています。子どもは 18 歳未満（必要な場合は 20 歳まで）が入所できます。現在，母子生活支援施設は全国に 227 か所設置されており 3,789 世帯が生活をしています（平成 29 年度福祉行政報告例）。

　母子生活支援施設に入所してくる背景には，「夫などからの暴力（DV）」，「住宅事情」，「経済的な理由」があります。現在入所理由の半数を占めるのは「夫などからの暴力（DV）」となっています。また，それだけに限らず，障害を抱えている母親や虐待を受けて母子生活支援施設に入所してくる子どもも多くなってきています。ほかにも母親自身が 10 代といった若年の場合や，外国にルーツのある場合など，さまざまな状況の母子が利用しています。

2. 生活と支援

1) 母子生活支援施設での生活

　母子生活支援施設の大きな特徴は母子がともに生活することができる点です。母親と子どもが一緒に入所でき，独立した居室で生活を送ることができるのです。建物の中に母親と子どもが共に生活できるよう各家庭に対して母子室（調理設備・浴室・便所・1 世帯 1 室以上の部屋）が割り当てられています。基本的に家庭と同様に母子で生活を送ります。施設には職員等が 24 時間常駐していますので，夜間に何かあっても助けを求めることができるように部屋に内線が設置されているところもあります。日中，母親は仕事などで外出し，子どもたちは学校に行くなどしています。付近の保育所等が利用できない場合は，施設にも保育所に準ずる設備が備えられていますので，職員が代わりに保育を行うなどしています。

2) 母子生活支援施設における支援

　母子生活支援施設では，母親と子どもがそれぞれ必要に応じた支援を行います。特に入所時は生活環境が大きく異なるため，新しい生活環境に馴染むことができるよう，そして安心して生活ができるということを感じてもらえるような支援を行います。DV 被害を受けていた母親と子どもに対しては，心理的なケアや医療的なケアが必要な場合には施設内だけではなく，施設外の専門機関と連携しながら支援にあたっていきます。また DV によって自己肯定感が低く，自分の価値や存在を否定的に捉えている場合もあるため，間違って植え付けられてしまっている考え方や自分自身の存在を認めることができるような支援を職員が一緒に相談に乗りながら行っていきます。

　母親に対しては，これまでの生活歴を踏まえた上で基本的生活習慣の獲得や安定した生活を送ることができるよう心の安定も図っていくことが必要となります。職員との信頼関係を築くことにより，他者と対人関係を形成していくことができるように支援していきます。また，生活が落ち着いてきたところで就労支援も行っていかなくてはなりません。どのような就労ができるのか，就労支援機関を

活用しながら適切な就労に就くことができるように職員は相談・支援を行っていきます。

　子どもに対しては，入所時に虐待を受けていたなど特別な配慮が必要な子どもにはそれぞれの子どもに必要な支援を見極めて対応していきます。大人に対して信頼関係が構築できるように職員自身が大人のモデルとなれるような関係を子どもと作り上げていくことが必要となります。また，将来に対しても自立した生活を送ることができるように学習支援をしたり，進路についても，時には母親と子どもの間に立ち，進学の支援をしたりしています。

3. 実習の特徴

　母親との関わりに関して心配する実習生もいるかと思いますが，母子生活支援施設の実習は母親に直接的に関わり，支援することを主とはしていません。母子は世帯で生活をしているため，食事を用意したり，部屋の清掃をしたり，家事をして日常生活を支援する施設ではないので，実習生がそのようなことを行うことはありません。しかし，施設内の清掃（保育室や学習室など）をすることはあります。もちろん挨拶をしたり，会話をしたりということもあります。実習生は施設の職員が母親とどのような関係を構築しているのか，その支援について観察して学ぶことができます。

　その一方で子どもと関わる機会は多くあります。日中，保育所に通っていない子どもの保育を行ったり，学校から帰ってきた子どもたちと一緒に宿題をしたり，遊んだりして子どもの日常生活を観察し，理解することができます。

　実習生の1日の流れは以下の通りです。母子生活支援施設は24時間体制の施設運営を行っています。実習先によっては宿直勤務がある場合もあります。実習生は早番や遅番のシフトに入らせていただくこともあります。それぞれの時間帯の職務について学ぶことができる機会となりますので，母子生活支援施設の機能や役割を理解することに繋がると思います。

8：00	9：00	10：00	12：00	13：00	14：00	15：00	17：00
送り出し 登園	朝礼	掃除 保育	昼食	休憩	保育	遊び 下校 学習指導	片づけ 母親帰宅

図18-1　実習生の1日の流れ

参考文献
・守巧，小櫃智子，二宮祐子，佐藤恵著『施設実習　パーフェクトガイド』わかば社，2014
・厚生労働省「児童養護施設入所児童等調査結果（平成25年2月1日現在）」2015
・厚生労働省「平成29年度福祉行政報告例」2018年11月30日公開

主な関連授業
・子ども家庭福祉，社会的養護Ⅰ，社会的養護Ⅱ

ワーク
・母子生活支援施設についてもっと調べてみましょう。

福祉型障害児入所施設について学ぶ

　障害児の入所施設は，福祉型と医療型の2つに分かれています。ともに障害児を施設で支援するという点では共通していますが，医療型の場合，常時の医療的な支援が必要となる障害児を対象としており，福祉型はそうではない障害児を対象としています。

　2012年児童福祉法改正により障害児の支援施設の名称が変更となりましたが，旧名称の分類では福祉型の障害児入所施設には，「知的障害児入所施設」「盲児施設」「ろうあ児施設」「肢体不自由児療護施設」「第2種自閉症児施設」の5つが含まれることになります。これらの施設は，全て福祉型障害児入所施設となりましたが，全ての施設が障害種に関わらず児童を受け入れることが出来るようになったわけではありません。現状ではそれぞれの施設で設備や職員の基準は異なっており，旧「知的障害児入所施設」は「主として知的障害のある児童を入所させる福祉型障害児入所施設」とされ，名称変更以前と大きくは変わらない支援が行われています。今後，全ての施設において障害種に関わらず十分な支援が行われるようになることも考えられますが，現状においては福祉型障害児入所施設に実習に行く場合は，その施設が主としてどういった障害を抱える児童を対象としているのかを把握した上で事前の準備を行うようにしましょう。また障害児の入所施設には，一般に加齢児といわれる成人の方の入所も少なくありません。現在では，児童と成人を分離しての支援を行うことが基本となっていますが，18歳を超えても行き先がない障害者の方は依然として存在しており，そういった方は障害児の施設であるにもかかわらず，その施設に残って生活をしている状況となっています。

1. 入所理由と家庭背景

　福祉型の障害児入所施設は，前述したように実際には旧名称の分類によって施設の状況が異なります。そのため入所理由や家庭背景も異なるのですが，詳細な調査としては「全国知的障害児入所施設実態調査報告」があります。それによると，入所理由は，家族の状況等による理由と本人の状況等による理由で分けられており，家族の状況等では，「保護者の養育力不足」の割合が最も多く，次いで「虐待・育児放棄」があげられています。本人の状況等では，「ADL・生活習慣の確立」「行動上の課題改善」「学校就学・通学」の順にその割合が多くなっています。また入所理由に関わることとして，措置での入所か契約での入所かという側面もあります。すでに勉強していることとは思いますが，現在福祉サービスの提供にあたっては，行政が利用者のサービス提供者を決める措置制度ではなく，利用者自身がサービス提供者を選んで契約することによってそのサービスが実施されています。しかし児童の利益を考慮する中で，乳児院，児童養護施設などの施設は，措置制度による支援が実施されています。障害児入所施設の場合は，措置での入所と契約での入所が併存している状況となっており，その措置率は48.3％となっています。これらの状況を見ると，虐待等を背景とした措置入所という児童養護施設等と同様の背景を持つ児童がいる一方，学校就学・通学のために契約で入所し，良好な家庭背景を持つ児童がほぼ半数ずついると考えられます。

2. 生活と支援

　福祉型障害児入所施設に入所している子どもや利用者の生活は，その年齢や状況によっても異なりますが，学齢期の子どもは，平日は特別支援学校や特別支援学級に通学しています。そのため平日に関しては，起床から通学までの支援と帰宅後に入浴や食事などにおける支援が主となります。学校の

ない日は，終日施設で自由に過ごす子どもが多いですが，買い物などの外出等を行う場合もあります。また子どもによっては，保護者のもとへと外泊を行う子どもも少なくなく，ほとんどの週末を家庭で過ごす場合もあります。そのように家庭への外泊や保護者の面会などがある際には，職員が保護者と面談を行い施設での生活状況等の情報共有や保護者の多様な相談に応じて支援を行います。

　一方，加齢児の方に関しては，平日も終日施設の中で過ごす場合が多く，日中はそれぞれの障害の程度に応じてさまざまな作業などを行っています。職員の方は，その作業においてそれぞれの方の障害を把握した上で，それぞれの方ができる範囲での取り組みが行えるように支援を行っています。実習では，その作業や活動に入り，利用者に直接関わる中で支援を行うことが多くなります。

3．実習の特徴

　福祉型障害児入所施設での実習は，まずどういった障害を抱える方を主な対象としているかでも異なってきます。さらにその施設内に加齢児が入所しているのかによっても実習の内容が異なります。まずは，自分が実習することとなった施設やその利用児／者について詳しく知ることが必要となります。

　具体的には，知的障害児を主として入所させる施設の場合は，当然知的障害を抱える子どもと多く関わることになります。しかし知的障害と一口にいっても，その程度は多様であり，言語的なやり取りが可能な子どももいれば，困難な子どももいます。そういったさまざまな水準の子どもたちのことを理解し，コミュニケーションを取り，生活の支援を行うことが実習の主な内容となります。

　一方視覚障害や聴覚障害を主として入所させる施設の場合は，それぞれの障害を抱える子どもと関わることになりますが，やはりその障害の程度はさまざまです。最近では全盲や全聾といった子どもは少なく，弱視や難聴で入所している子どももいるため，手話等を用いなくてもコミュニケーションを取れる場合もあります。自分が関わる子どもの障害の程度や特徴を理解し，たとえ手話等を十分に理解できていなかったとしても，積極的にコミュニケーションを取り，生活の支援を行ってください。

　また加齢児がいる場合には，特に平日の日中は，加齢児の作業等に実習の中で入り，障害を抱える成人の方に対しての支援を経験することになる場合も少なくありません。成人の方であっても，障害を抱える方の場合，発達の水準や特性は多様です。自分よりも年上の方がいる場合も少なくないと思いますが，成人の方として当然の敬意を持つとともに，その方の発達の水準等の理解をしっかりと行い，働きかけるようにしましょう。どのような施設での実習であっても，まずは利用児／者の理解を行うことがさまざまな支援を行う上で不可欠です。理解が難しい場合，わからないことがある場合には，積極的に施設の先生方に質問をして，理解を深め，適切な関わり・支援を行うようにしましょう。

参考文献
・公益財団法人日本知的障害者福祉協会　児童発達支援部会「平成 29 年度全国知的障害児入所施設実態調査報告」2018

主な関連授業
・社会的養護Ⅰ，社会的養護Ⅱ，障害児保育

ワーク
・言葉だけに頼らないコミュニケーションの方法について，体験も通して話し合ってみましょう。

Lesson 20　医療型障害児入所施設について学ぶ

　障害児の入所施設は，福祉型と医療型の2つに分かれています。ともに障害児を施設で支援するという点では共通していますが，簡単に言うと医療型の場合，常時の医療的な支援が必要となる障害児を対象としており，福祉型はそうではない障害児を対象としている施設となります。

　2012年児童福祉法改正により障害児の支援施設の名称が変更となりましたが，旧名称の分類では医療型の障害児入所施設には，「自閉症児施設」「肢体不自由児施設」「重症心身障害児施設」の3つが含まれることになります。これらの施設は，全て医療型障害児入所施設となりましたが，福祉型の入所施設と同様に全ての施設が障害種に関わらず児童を受け入れることが出来るようになったわけではありません。現状ではそれぞれの施設で設備や職員の基準は異なっていますが，基本的には医療型の施設の場合は，同時に病院でもあるため，病院として成り立つための職員がいる点は共通しています。利用児／者への直接な医療的支援は，医師や看護師等の医療専門職によってなされるため，他の児童福祉施設と比較すると保育士の配置は，少ない場合が多くなっています。そのため，医療型の障害児入所施設で働く保育士は，一人あたりの保育の専門家としての責任が大きくなるとともに，医療専門職との連携が必須になります。

1．入所理由と家庭背景

　医療型の障害児入所施設も，前述したように実際には旧名称の分類によって施設の状況が異なります。また主として肢体不自由児を対象とした医療型障害児入所施設の場合，病院として肢体不自由の治療として手術やリハビリを行っている施設もあり，そういった医療的な治療や支援を目的として，入所（入院）している場合もあります。一方で，虐待等の理由で，家庭での養育が困難になり，施設に入所して生活をしている場合もあります。施設によっては，外来でのリハビリや手術等での入院治療を主とした施設や逆に家庭養育が困難な児童のための入所を主とした施設，それら2つの機能を両方持ち合わせている施設もあり，同じ施設種であっても，利用児／者たちの入所理由や施設内での支援のあり方が施設によって異なっている点を理解しておく必要があります。つまり入所理由によっては，一時的な入所であり保護者との間で良好な関係があり，良好な家庭環境への退所の見通しが立っている場合もあれば，保護者とほとんど接したことがなく，退所の見通しが立っていない場合もあります。障害児入所施設に入所している児童を理解する際には，そういった入所理由や家庭背景についてまず理解することが重要になります。特に，重度の障害を持つ児童の場合は，自分の置かれている状況についての理解が困難な場合や，自分自身の意思を表現することが難しい場合も少なくありません。そうなると自分が置かれている入所施設での生活に対しての疑問や不満を表現することも難しくなります。だからこそ保育士等の支援者が，利用児／者に対して現在の生活の状況や今後の見通しについても出来る限り分かるように伝えた上で，利用児／者の不満なども含めた思いを理解することが利用児／者の支援を考えていく上でも重要になるのです。

2．生活と支援

　医療型障害児入所施設での生活は，年齢や発達水準，入所理由によって大きく異なります。医療的支援として入院している場合には，術後の経過にもよりますが，一日の生活のほとんど全てを施設の中で過ごす場合も多くなります。またその際には，施設の中で診察を受け，リハビリを行うなどの時

間も持つようになります。一方で，虐待等を背景に入所している場合には，施設を生活の拠点として，児童の場合は，日中は特別支援学校へ通学していることがほとんどになります。

　このように医療型の障害児入所施設といっても，それぞれの施設によってその生活のあり方は多様なのですが，ではそこでの保育士の役割とはどのようなものになるでしょうか。医療型の障害児入所施設に入所している方は，移動や更衣，食事等の生活の多くの場面で介助が必要となります。そういった方々に対して，生活全般への支援として保育士もさまざまな介助を行う場合もあります。しかし前述したように医療型障害児入所施設では，保育士の配置は少なく，生活の介助では医療的なケアを求められることもあるため，保育士の主な役割は，別にあるともいえます。それは，さまざまな水準にある障害児を抱えた児童や成人の方それぞれが，どのようなことに興味を持ち，どのようなことが好きなのかなどを理解し，長期の入所生活となっても，生活の中で楽しい経験や主体的な体験をすることで，情緒的な安定を図るとともに，心理的・社会的な発達を支援することにあります。

3. 実習の特徴

　医療型障害児入所施設での実習は，どういった障害を抱えるのか，そしてその障害がどの程度なのかということによってもその内容が異なってきます。まずは，自分が接することになる利用児／者への理解を深め，またその施設内での保育士の役割について理解を深めましょう。

　医療型障害児入所施設に入所している方は，重度の障害を抱えており，言語的なコミュニケーションが困難な方も少なくありません。そういった重度の障害を抱えた方と初めて接する際には，どのように関わっていけばよいか分からず，戸惑ってしまうことも多いと思います。しかし関わらない限り理解を深めることはできません。職員の方の関わりを参考に，自身でも試行錯誤した上で，関わり，それに対してのどんなに小さな反応であっても拾い上げて理解していくことを積み重ねていきましょう。この「どんなに小さな反応」とは，それぞれの方の障害の程度などにもよりますが，目線の動きや姿勢，身体に入る緊張などその方が示す全ての反応となります。そういった反応を自分自身の感覚を研ぎ澄まして捉えるように関わり，その捉えた反応から少しでもその方の気持ちを理解できるように努めましょう。

　また実習の中で，移動や食事など日常的な介助を経験させていただける場合もあります。当然初めて行う場合は，戸惑うことも多く，上手くいかないこともあるでしょう。上でも書いたように職員の方の援助の仕方をしっかりと見て，教えてもらいながら実践してください。しかし大切なことは，形だけ真似て上手くいくことを目指すことではなく，今自分が介助している相手の立場に立って，その方がどのような気持ちを抱えているのか，どのように援助すれば心地良いのか，という常に相手を理解する視点を持って援助を行うことです。

Lesson 20

主な関連授業
・社会的養護Ⅰ，社会的養護Ⅱ，障害児保育
ワーク
・入所している子どもや成人の方の立場に立ってみて，どのような思いを抱えているか，どのようなニーズがあるかなど話し合ってみましょう。

障害者の入所施設について学ぶ

1. 利用目的と家庭の状況

　障害者の入所施設（障害者支援施設）の現状として，利用者の滞留化により高齢化・重度化の傾向がみられています。調査によると在籍利用者の年齢別割合は，40歳以上が7割，在籍期間は，10年以上の利用者が7割，なかには，30年，40年以上在籍している利用者もいます。新規の入所者は，児童施設から成人施設への移行を除くと45歳以上65歳未満の人が多くなっています。入所理由の多くは，家族との同居生活が難しくなったことです。家族とりわけ親と同居していた多くの知的障害者は，親の年齢が上がるにつれ，親からの介護や支援が受けられなくなり，入所施設を利用することがみられます。また，利用者自身の高齢化に伴う心身機能の低下や病気等により，グループホームでの生活が難しくなり，入所施設に移る場合などがあります。一方，退所理由は，65歳以上の半数が死亡退所で，それ以外では，「一般病院」への入院と「老人施設」への移行が多くなっています。

　支援の面からみると，利用者の多くが障害支援区分5，6であり，支援度は日常生活面，行動面，保健面ともに高くなっています。利用者の中には，てんかんを合併している人も多く，また，自閉スペクトラム症を重複している利用者もみられます。さらに，高齢化に伴い，認知症利用者の割合も増えてきています。

2. 生活と支援

　障害者の入所施設は，「障害者総合支援法」の訓練等給付「日中活動系サービス」の「生活介護」と，介護給付「居住系サービス」の「施設入所支援」に分けられます。これは，日中活動と居住の支援を自分で組み合わせて利用できるよう，昼のサービスと夜のサービスに分け，障害のある人が自分の希望に応じて，複数のサービスを組み合わせて利用できるようにしたものです。ただ，実際の支援の場では，日中のサービスである「生活介護」と夜間のサービスである「施設入所支援」を明確に分けて考えることは難しく，一体的に行われています。サービスの内容は，サービス管理責任者が，利用者個々のニーズに応じて「個別支援計画」を作成し，それに基づいて支援がなされます。

　生活に関わる支援として，入浴，排泄，食事等のADLの介護，QOLを重視した生活支援や服薬等の健康管理，創作的活動又は生産活動として，日々の生活の充実，情緒の安定や身体機能の維持向上に繋がるよう，農園芸，手工芸，陶芸などさまざまな活動の機会が提供されています。また，施設入所支援として，利用者が安全に快適に生活できるよう夜間に行われるサービスがあります。

生活介護	日中に行われる入浴，排泄，食事等の介護，調理，洗濯及び掃除等の家事，生活等に関する相談，助言その他の必要な日常生活上の支援，創作的活動又は生産活動の機会の提供，その他の身体機能又は生活能力の向上のために必要な支援
施設入所支援	主に夜間に行われる入浴，排泄，食事等の介護，生活等に関する相談及び助言その他の必要な日常生活上の支援

　障害者の入所施設で勤務する職員は，生活支援員，看護師，作業療法士，理学療法士，調理員などです。異なる専門性を持つ職員が，チームとして福祉や医療などそれぞれの専門性を活かし協働して支援にあたっています。勤務形態は，日勤だけでなく，早番，遅番，夜勤などシフト制となっているため，職員同士の情報共有や連携は必須となります。

障害者の入所施設での生活の例（利用者の生活の流れと実習生の活動例）

時間	利用者の生活	実習生の活動
6：30	起床・洗面	起床・洗面の声かけ
7：30	朝食	朝食準備・援助・片付け
8：30	自由時間	朝食準備・援助・片付け
9：00	掃除	清掃
9：30	日中活動	作業・生活の支援
12：00	昼食	昼食準備・援助・片付け

時間	利用者の生活	実習生の活動
13：00	日中活動	作業・生活の支援
16：30	自由時間・入浴	入浴の援助
18：00	夕食	夕食準備・援助・片付け
19：00	自由時間	夕食準備・援助・片付け
21：00	就寝	（夜勤：夜間支援）

3. 実習の特徴

　障害者の入所施設での実習は，中度・重度の知的障害がある成人利用者との関わりが中心となります。自分の気持ちを相手に伝えることや相手の気持ちを理解することが苦手だったり，コミュニケーションの難しさから年齢相応のやり取りが難しかったりする利用者も多くいますが，利用者一人ひとりが人格を持っていることと，実年齢を常に意識した関わりが大切です。利用者の表情や言動，細かな変化などに利用者の思いがあります。それに気づくことができるよう，丁寧に観察してみましょう。また，成人利用者との関わりは，乳幼児との関わりを考える機会ともなります。障害のある乳幼児期の子どもの将来の姿や生活を想像しながら，利用者と関わったり，職員の支援から学んだりするようにしてみましょう。

　支援の基本として，利用者理解は不可欠です。障害特性からくるこだわりや感覚の偏りがある利用者もいます。また，安全面での留意が必要なこともあります。実習生の関わりによって利用者を混乱させてしまうこともありますので，自分勝手な判断で対応するのではなく，事前に，利用者の特性や留意すべきことを確認しておくことも必要です。

　入所施設は，利用者の生活の場でもあります。利用者一人ひとりのプライバシーがあり，それが守られるよう支援がなされています。そのため，例えば，断り無く居室に入ったり，私物に触ったり，プライバシーを侵害することのないよう注意が必要です。支援の一つひとつが利用者の人生に深く関わっていること意識し，入所施設の役割について学ぶ機会としましょう。

参考文献
・独立行政法人国立重度知的障害者総合施設のぞみの園（2017）「障害者福祉施設およびグループホーム利用者の実態把握，利用の在り方に関する研究」厚生労働科学研究費補助金障害者政策総合研究事業（身体・知的等障害分野）平成28年度総括・分担研究報告書
・公益財団法人日本知的障害者福祉協会調査・研究委員会（2018）「平成29年度全国知的障害児・者施設・事業実態調査報告」

主な関連授業
・社会福祉

ワーク
・生活に関わる支援として，「食事」場面における安心・安全な環境とはどのようなものか，話し合ってみましょう。
・日中活動として，どのような活動が提供できるか，考えてみましょう。

児童発達支援センターについて学ぶ

1. 利用目的と家庭の状況

　児童発達支援センターでは，障害のある未就学児が日常生活上の基本動作や独立自活に必要な知識・技能を習得し，集団生活に適応できるよう支援をする通所型施設です。児童発達支援センターには2種類あり，上記の福祉サービスを提供する「福祉型」と，福祉サービスに併せて治療を行う「医療型」があります。2012（平成24）年の児童福祉法改正において，障害のある子どもが，身近な地域で適切な支援や療育を受けやすくするために児童発達支援センターが設けられました。それまで障害種別に分かれていた施設体系が一元化され，複数の障害に対応できる施設体系へと再編されましたが，これまでと同様に障害の特性に応じた専門的なサービス・支援を提供している施設もあります。

　2014（平成26）年度全国児童発達支援センター実態調査報告によると，施設を利用している子どもの主な障害は「知的障害」が約6割，「発達障害」（広汎性発達障害，注意欠如・多動性障害，学習障害）が約2割となっており，この2つの障害が8割強を占めています。その他にも「肢体不自由」（3.4%）や「重症心身障害」（2.7%）を抱える子どもがいます。

　保護者は子どもの気になる様子への困惑や不安，育児の負担感などを抱えていたり，乳幼児健診などで子どもの発達の遅れや偏りが見つかり保健師や医師等から療育を勧められたりなど，施設利用に至るまでの経緯はさまざまです。また，わが子に障害があることを認めたくないという障害受容の問題や子どもの障害の特性からくる育てにくさと虐待のリスクなど，家庭の状況や課題もさまざまです。

2. 支援内容

　児童発達支援センターの一日の生活の流れは，登園，自由遊び，朝の会，クラス遊び，給食，自由遊び，帰りの会，降園のようになっています。

　子どもたちはバスによる送迎や保護者の送迎により通園します。療育時間は午前10時から午後2時もしくは3時までが一般的です。職員は児童発達支援管理責任者，児童指導員，保育士，機能訓練担当職員（言語聴覚士や理学療法士，作業療法士），看護師などが配置されており，それぞれの専門性に応じた役割分担と連携のもと支援にあたります。

　支援内容は，日常生活の基本動作（食事・排泄・着脱）の確立，言語発達や社会性の発達のための支援，機能訓練等があります。保育園や幼稚園のように生活や遊びの経験，学習や運動の機会を提供しながら，一人ひとりの子どもの障害の特性に合わせて支援を行います。そして，支援にあたっては個別支援計画を作成しています。「健康・生活」「運動・感覚」「認知・行動」「言語・コミュニケーション」「人間関係・社会性」の5つの側面から一人ひとりの子どもの発達上のつまずきや障害の特性，地域や家庭など，その置かれている環境，支援する上で解決すべき課題等，さまざまな情報を総合的に具体的に把握し，支援内容や到達目標を検討していきます。その際，子どもと家族の意向や希望も計画に反映させ，子どもと家族の同意を得た上で支援を実施します。

　例えば，こだわりのある子どもの中には，いつも決まったトイレでないと入るのを嫌がるケースがあります。このような健康・生活上の課題に対しては，まずは毎回同じトイレに連れて行くようにし，慣れてきたら他のトイレも使えるように，最初は違うトイレを見ることから始めるというように，スモールステップを取り入れた支援を行います。これにより，子どもが「できる」ようになる経

験や自信を積み重ね，目標を達成しやすくなります。自閉症スペクトラム障害のある子どもは，「変化」に不安を感じやすかったり，時間の流れに沿った行動を苦手としたりする場合があります。このような認知・行動上の課題に対しては，スケジュールや手順を「視覚的に示す」支援が有効です。今後の見通しや自分のやることが目に見えると安心し，スムーズに次の行動に移ることができます。注意欠如・多動性障害の衝動性の強い子どもには，順番が待てない，質問が終わる前に答えてしまう，会話やゲームに割り込むなどの行動が見られる等の特徴が見られます。このような人間関係・社会性に関する課題に対しては，望ましくない行動をしたときには，不適切な行動であったことを説明して，よい行動ができたときにはほめるという支援を行い，「社会性」の発達を促します。

　児童発達支援センターは，上記のような個別支援のほかに地域支援と家族支援を行っています。保育園・幼稚園などの障害のある子どもを預かる施設を訪問して相談・支援を行い，連携をとっています。さらに，通所している子どもだけでなく，通所していない地域の子どもへの支援や保護者の相談・支援，保護者や家族が休息をとりリフレッシュするための「レスパイトケア」も行っています。

3. 実習の特徴

　実習生は配属グループの1日の生活の流れに沿って，職員の補佐的な立場で子どもたちに関わります。まずは，一人ひとりの子どもの性格や発達の状況や障害の特性に応じて職員がどのような関わりや支援を行っているのかを観察しましょう。生活や遊び，学習や運動など各活動の中で，どのような側面の発達を促すねらいや意図があるのか，到達目標をどの程度に設定しているのか，そして子どもへの関わりや促しの際にどのような工夫や配慮事項，環境構成が必要なのかなどを細かく観察し，分からない点については職員に質問しながら学んでいきます。また，子どもの課題にばかり目を向けるのではなく，その子の好きな遊びや食べ物，得意な活動や興味・関心などにも着目しながら理解の視野を広げることも大切です。これにより子どもへの理解と関係性がさらに深まります。

　また，職員同士の情報共有や連携の仕方にも着目し，その重要性を学びます。そのためにも実習生は，子どもたちの登園の前にその日の活動の内容や流れを確認すること，保護者との会話や連絡帳を通して家庭での様子や健康状態を把握し，職員と共有することが大切になります。

　将来の子どもの発達・成長の姿を見通しながら子どもの自尊心や主体性を育てつつ，今どのような支援が必要かという視点を持ちながら発達上の課題を達成していく支援の重要性を学び，その意義について自分なりに考察してみましょう。

参考文献
・厚生労働省「児童発達支援ガイドライン」2017
・尾野明美，小湊真衣著『エピソードから読み解く障害児保育』萌文書林，2017
・日本知的障害者福祉協会編「全国児童発達支援センター実態調査報告書」2014

主な関連授業
・保育の心理学，子ども家庭支援論，子ども家庭支援の心理学，子どもの理解と援助，障害児保育

ワーク
・年齢別の定型発達と比較しながら，障害のある子どもに見られる発育・発達の遅れや偏りの特徴をまとめてみましょう。
・児童発達支援ガイドラインにおける具体的な支援内容とその配慮事項を書き出してみましょう。

Lesson 22

Lesson 23　障害者の通所施設について学ぶ

1．利用目的と家庭の状況

　障害者の通所施設では，身体障害・知的障害・精神障害・発達障害といったさまざまな障害を抱えた方が在宅で生活しながら施設に通って必要なサービスを利用しています。必要な支援のもとで，ある程度自立した生活を送ることのできる状態から，より個別の支援や環境上の配慮を必要とされる状態まで障害の程度はさまざまであり，中には複数の障害を併せ持つ場合もあります。10代後半から60代くらいまでと利用者の年齢の幅も広く，家庭で支えるご家族が高齢の場合もあります。障害のある方の日々の自立した生活を継続しつつ，将来の生活状況を見据えた支援が求められています。

　通所施設の大きな目的は，障害があることで社会のさまざまな活動への参加が難しい場合に，一人ひとりに合わせた適切な支援を図ることによって社会参加を促し，生きがいや充実感を向上することにあります。

2．支援内容

　保育実習の対象に含まれている「障害者の通所施設」とは，「指定障害福祉サービス事業所（生活介護，自立訓練，就労移行支援又は就労継続支援を行うものに限る）」の範囲とされており，これらの施設の法的根拠としては，「障害者の日常生活及び社会生活を総合的に支援するための法律（障害者総合支援法）」の第5条に定められています。

　これらは日中活動支援と呼ばれ，「生活」に焦点を当てたサービスと「就労」に焦点を当てたサービスに分けて考えられます。ただし，実際の利用者への支援活動においては両者が重なる部分もあります。

1)「生活介護」

　利用者の日常生活や社会生活に必要な生活習慣を身につけることを目的として，主に日中活動（軽作業，創作・生産活動，余暇活動等）に関する支援や身辺自立（衣服の着脱，食事，歯磨き，排泄等）に関する支援，その他（対人関係やコミュニケーション）の支援を行っています。これらの支援を通して利用者の機能維持や体力の維持，気分転換を図ります。障害支援区分3以上（50歳以上は2以上）の方が対象となります。

2)「自立訓練」

　利用者の自立した日常生活や社会生活に必要なスキルの維持・向上，身辺自立の確立を目指すことを目的として，主にグループでの関わり（コミュニケーション，運動，作業等）や個別の関わり（各種の社会生活スキル，金銭管理方法の取得，余暇の過ごし方，進路に合わせた課題への取り組み等），その他（対人関係やコミュニケーション）の支援を行っています。これらの支援を通して利用者の日常生活・社会生活の自立・向上を図ります。

3)「就労継続支援」

　一般企業など，通常の事業所との雇用契約に基づく就労（一般就労）が困難な方が対象者であり，主に就労や生産活動の機会を提供しているほか，就労に必要な知識及び能力の向上につながる支援を

行っています。就労継続支援を行う事業所との雇用契約に基づき継続的な就労を目指す「A型」と雇用契約に基づかない「B型」に分かれています。

4)「就労移行支援」

　一般企業など，通常の事業所との雇用契約に基づく就労（一般就労）が見込まれる方が対象であり，主に就労や生産活動の機会を提供しているほか，関係機関と連携・協力して，就労に必要な知識及び能力の向上につながる訓練，求職活動，適性に応じた職場開拓，就職後の職場への定着のための相談や支援を行っています。

3. 実習の特徴

　「生活」に焦点を当てた関わりでは，利用者の自立度に応じて支援しつつ，ともに活動を共有する姿勢で実習に臨むと良いでしょう。障害の状態によってはコミュニケーションが取りづらい場合も考えられますが，言葉だけでなく，非言語のコミュニケーション（表情，身振り，姿勢，距離感など）にも意識を向けてみましょう。他の利用者を含め，第三者を介して間接的に関わる方法も有効です。頼りにされることで，利用者にとっては自己有用感が高まる機会になるとも考えられます。

　「就労支援」では，施設が地域の企業などと連携して作業を請け負うことで，利用者に就労の機会を提供しています。地域での活動の機会を得るとともに，作業内容に応じた工賃の支払いなども自立ややりがいにつながります。作業内容は，例えば菓子箱の組み立てといった軽作業，農作物や植物の栽培などの園芸作業，手作りのパンやクッキーなどの製造・販売，委託された地域の公園の環境整備など，施設によってさまざまな取り組みが見られます。実習生は作業や休憩時間などを通して利用者とともに過ごします。ところで，「働く」とはどのような意味があるのでしょうか？「収入を得る」以外にも「社会とつながる」「自分を認められる」「自己実現を図る」といったさまざまな価値に触れる良い機会となるのが働くということでしょう。

　いずれの施設でも，一人ひとりの状態に合わせて環境上の配慮がなされていることに目を向けてみましょう。例えば，利用者が希望したり職員が考えたりしたプログラムや作業を単に提供するだけでなく，障害の特性に沿ってグループでの作業が適する方もいれば，一人で集中できる環境が望ましいことに配慮した作業スペースを確保する場合もあります。また，活動内容によっては一人ひとりの障害の特徴に応じて工夫された小道具などが準備されている場合もあります。このようなさまざまな個別的な工夫や配慮は，子どもとの関わりの場面にも参考になります。いずれの活動においても，利用者のできることは尊重しつつ，支援が必要なことを見極めて関わることが大切です。実習においては，利用者へのレクリエーションの提供などが実習生に求められることもあります。障害の特性に配慮しつつ，実習生からの一方的な働きかけではなく，利用者も「大人として」関心を持って一緒に楽しめるような関わりが大切です。

　ところで，これまでの生活において障害のある方と関わった経験が乏しく，実習に不安を感じる学生も多いと思います。利用者の予想もしない振る舞いに戸惑ったり，抵抗感を感じたりする場面があるかもしれません。そのようなときは，利用者の背景に目を向けて行動の意味を考えてみましょう。表面的には気づかなかった理由が見つかるかもしれません。必要に応じて，日頃から利用者の特徴を

把握している職員のアドバイスも有効です。利用者は日々の生活に誇りを持っています。実習生は職員だけでなく，利用者も含めた実習先のすべての人から学ぶ姿勢で実習に臨むと良いでしょう。

参考文献
・全国保育士養成協議会編『保育実習指導のミニマムスタンダード Ver.2』中央法規出版，2018
主な関連授業
・社会福祉，障害児保育
ワーク
・現時点での障害者に対するあなたのイメージを肯定的・否定的な視点に分けてあげてみましょう。その後，学生同士でペアを組んで，障害者に対するイメージについて意見交換しましょう。

memo

Lesson 24　児童館について学ぶ

1. 施設の役割

　児童福祉法第 40 条に規定する児童厚生施設の一つで，全国に 4,713 か所あり，地域や規模によって多様な役割を担っています。

　すべての児童（18 歳未満）を対象としており，地域において児童に健全な遊びを与えて，その健康を増進し，または情操を豊かにすることを目的とする児童福祉施設です。

　その活動は建物内にとどまらず，屋内外のスポーツをはじめ，芸術活動や知的好奇心の探求，遠隔地でのキャンプなど必要な活動が盛り込まれて，児童達はさまざまな経験をすることができます。

表 24-1　児童館の分類と役割

小型児童館 （2,831 か所）	小地域に住む児童たちを対象に設置された，より地域に密着したタイプの児童館で，地域における児童の健全育成を促す総合的な機能を持つ児童福祉施設です。
児童センター （1,738 か所）	小型児童館の施設に体育館などの運動施設を備えつけ，運動を主体とする遊びを通して児童の体力増進や能力の発達を促していくタイプの児童館。施設面積などによって児童センターと大型児童センターの 2 つに分類されます。大型児童センターには，スタジオやトレーニングルームなど年長児童向けの設備が揃っており，中学生や高校生などの年長児童に対しての育成支援を行っています。
大型児童館 （21 か所）	大型児童館は，都道府県内や広い地域に住む児童を対象とした支援を行っている児童館で，小型児童館や児童センターの指導や連絡調整等の役割を果たす A 型，宿泊施設と野外活動施設を備え付けて，児童が宿泊をしながら自然を生かした遊び体験ができる B 型などがあります。

※施設数については厚生労働省　「平成 29 年社会福祉施設等調査」2018 より

2. 支援内容

　児童館は児童厚生施設として児童の健全な遊び場の確保，健康増進，情操を高めることを目的とした事業を行います。その支援内容は，児童館の分類によって異なりますが，児童館の基本的な支援内容は以下の通りです。

1) 遊びを通じての集団的・個別的指導の実施及び健康・体力の増進への支援

　児童館は，子どもに健全な遊びを提供して，その心身の健康を増進し情操を豊かにすることを目的としています。児童一人ひとりの状態を観察し，個々のペースに応じて自立していく力を養うことができるよう支援します。

2) 子育て家庭への支援

　子育て家庭の児童たちが安定した放課後や休日を過ごせるために，児童館があります。また，児童だけではなく，育児不安に陥りがちな子育て中の母親を支援する午前中の幼児クラブ活動などは，子育て家庭への支援活動となっています。

3) 児童が抱える問題の早期発見から支援へつなげる場

　多くの児童が訪れる児童館は，不登校やいじめへの対応，虐待など深刻な問題の早期発見の場としても期待されます。家庭や学校，児童相談所と連携し，児童を支援する活動も増加しています。

4) 子どもの最善の利益を保障する地域福祉活動を支援する拠点施設としての役割り

児童の生活が安定する環境が整備されるためには大人の理解と協力が不可欠です。児童館では親のグループやジュニアボランティアを育成するとともに，家庭や学校，児童相談所と連携し，児童や子育てにやさしい総合的な福祉の町づくりを目指す拠点施設となることが求められています。

3. 実習の特徴

児童館の実習は保育士の役割をより具体的に学ぶための保育実習Ⅲにおいて実習が可能です。児童館には以下のような特徴があります。こうした特徴に留意して実習を行うとよいでしょう。

1) 児童の遊びの場とは何かを学ぶことができる施設

児童が安全に遊ぶ場所がないと言われていますが，児童館は児童に遊びの場を提供する屋内型児童厚生施設で，児童達が楽しく遊べる遊戯室をはじめ，さまざまな施設を備え付けています。児童たちは自由な遊びの中から可能性を広げることができます。

2) 異年齢集団について学ぶことができる施設

さまざまな年齢の児童が集団になって遊ぶ機会はとても貴重です。児童は遊びを通して集団の生活や他人との関わり合いを学び，自分の能力を発達させていきます。

3) 児童館の指導員の役割について学ぶことができる施設

児童館には利用する児童一人ひとりの状態を観察し，安全で個々のペースに応じて自立を支援することができるよう，専門の知識を持った指導員が児童を支援します。

4) 地域における子育て支援の在り方を学ぶことができる施設

指導員がサポートするのは児童だけではなく，子育てをする親に対する支援も実施していて，母親クラブや母親同士の交流，育児相談などの活動の支援も合わせて行っています。

自由往来型の施設である児童館にはさまざまな利用者が訪れます。悩みを持つ児童や，保護者に対し指導員からの専門的なアドバイスや，必要に応じて別の機関を紹介してもらえます。

実習生はこうした支援の場に立ち会うことで，児童館の役割りと指導員の業務について知ることができます。

参考文献
・厚生労働省「平成 29 年社会福祉施設等調査」2018

主な関連授業
・社会福祉，社会的養護Ⅰ，社会的養護Ⅱ，子育て支援

ワーク
・児童たちが遊ぶ場について考えてみましょう。
・異年齢集団が児童たちの成長に与える影響を考えてみましょう。
・育児中の保護者が抱える悩みについて考えてみましょう。

Lesson 25　保育の専門性としての養護技術を学ぶ ～指導実習を通して～

　実習における重要な学びの一つとして，養護技術を学ぶことがあげられます。ここでは，そもそも養護技術とは何かについて解説した上で，その養護技術を学ぶ上で，重要となる部分実習と職員によるスーパービジョンについても解説を行います。

1. 養護技術とは

　養護技術とは，「養護」を行うための「技術」であり，「養護」とは「養育」し「保護」することです。よって養護技術とは，保育士が専門性を持って子どもを養育し，保護するための技術となります。では具体的にどのような技術を指すのかと言えば，それは大きくは対象とする子どもによって異なります。乳児を対象とするのであれば，授乳や調乳，寝かしつけ，オムツ替えなどの技術が必要となりますが，学童期の子どもを対象とするのであれば，基本的にそれらの技術は求められず，子どもを理解し，子どもと関わる中で良好な関係性を形成するなどの技術が求められることになります。また障害児を対象とするのであれば，それぞれの子どもが抱える障害について理解し，その障害を踏まえた上での基本的生活習慣の形成を促すための支援を行うための技術などが求められることになります。

　児童福祉施設にさまざまな施設種別があり，それぞれの施設において多様な児童を対象としている以上，必要となる養護技術も施設の数だけあるといえます。そして保育士は，その専門性として全ての施設で必要となる養護技術を身につけることが理想とされます。しかし保育士は，その多くが保育所で勤務している実態を反映してか，現在の養成課程においては，主に乳幼児期の児童を対象とした養護技術の習得が中心となっているといえます。だからこそ施設実習とは，保育所の実習では学ぶことの出来ない多様な養護技術を学ぶ貴重な機会になります。学童期の児童を対象とした児童養護施設などで求められる養護技術とは，上でも述べたように日常の継続した関わりの中で発揮される技術になります。それは，例えば授乳や調乳のように方法がはっきりしているものでもなく，また客観的に身につけたことが分かるようなものではありません。そのため，それらを学び身につけることも困難であると言えますが，実習の中では施設職員と児童の何気ない関わりや会話の中でも，職員の意図を考えるなど，少しでもその養護技術の理解と習得を心がけるようにしましょう。

2. 部分実習における学び

　実習においては，部分実習を行わせていただける場合もあります。これとまる1日の保育を担当する責任実習とを合わせて，指導実習と呼んでいます。保育所実習の場合は，決められた時間の中での絵本読みや手遊びなどを部分実習として行わせていただける場合が多いでしょう。しかし施設実習の場合，決められた時間の中での部分実習がない実習も少なくありません。特に児童養護施設等の入所施設の場合，生活の流れの中での実習が主となり，特別な時間に子どもたちの前に立つ機会などがないため，部分実習が設定されない方が多くなるかもしれません。ゆえにこうした施設での実習の場合は，生活の中で子どもと関わる時間全てが部分実習であるともいえます。設定された時間でないとしても，自分が職員の代わりに子どもと関わっているという意識を持って，責任を持った対応や振り返りが求められます。

　また児童発達支援センター等の通所施設では，決められた時間の中での部分実習も経験させていた

だける場合があります。その際には，対象とする児童の特性を捉えた上で，ただ計画した活動を行うのではなく，児童に合わせた配慮を行った上での実施を行うことが求められます。実習であったしても，子どもたちにとっては，施設での生活・経験の一部であり，成長・発達の機会といえます。もちろん施設の先生方の助言も得られますが，自分自身で子どもたちにどのような体験をして欲しいのかを考えて，子どもの理解を踏まえた狙いを設定した上で実施するようにしましょう。そして実施した後には，内容や配慮が適切であったか，できれば職員の方の助言をいただきながらしっかりと振り返りを行うようにしましょう。

　部分実習とは，実習であると同時に子どもたちへの支援の一つであるといえます。部分実習を行う際には，実習であるという意識以上に子どもたちへの支援者なのだという意識を持って行うことが何より大切になります。

3. 職員によるスーパービジョン

　実習の中では，反省会などを通して職員によるスーパービジョンを受けることになります。スーパービジョンには，①管理的機能，②教育的機能，③支援的機能の3つの機能があります。管理的機能とは，実習生として適切な取り組みが行われているか管理することです。教育的機能とは，養護技術についてや子ども理解，障害の理解などの専門知識・技術等について教育を行うことです。支援的機能とは，主に心理的なサポートを行うことです。これら3つの機能は，独立したものではなく同時に行われることも多く，実習の中でスーパービジョンを受けることにより，不適切な関わりや誤った理解をしている場合にはそれを修正し，次に子どもたちに関わる際により適切な対応を行うことができます。また子どもたちへの関わりの中で，悩むことがあった際にもその悩みを解消することが可能な場合もあります。実習では，初めて関わるような子どもたちや初めて行うような業務内容も多く，上手くいかないことも当然多くなります。スーパービジョンをしっかりと受けることにより，分からないことを分からないままにせず，適切な理解や関わりが行えるようにしましょう。

　しかし，スーパービジョンが適切に機能するためには，スーパービジョンを受けるみなさんが，適切な報告や相談を行う必要があります。実習中に生じた出来事や自身の関わりについて，客観的に振り返り報告することができなければ，施設の職員の方もその事実を知ることや指導を行うことができません。スーパービジョンが適切に機能し，自身のより良い学びや子どもたちへのより良い保育を行うためにも，スーパービジョンを受ける際には受け身ではなく，自身の実習をしっかりと振り返り積極的に報告や相談を行うようにしましょう。特に施設によっては，決められた時間の反省会などがない場合もあります。そのような場合であっても，報告・相談すべきことがあったら，責任を持って自分から職員の方に働きかけるようにしましょう。

主な関連授業
・社会的養護Ⅰ，社会的養護Ⅱ，乳児保育Ⅰ，乳児保育Ⅱ，子どもの理解と援助，社会福祉
ワーク
・それぞれの施設で必要となる養護技術が何かを話し合い，それらについて保育者役と子ども役を設定したロールプレイ等を通して実習前にも出来る限り身につけられるようにしましょう。

社会福祉施設と権利擁護

1. 児童の権利に関する条約における「子どもの最善の利益」とは

　児童の権利に関する条約（子どもの権利条約）は，世界中の子どもたちが持つ権利について定められた条約です。条約にはたくさんの内容が含まれていますが，世界中のすべての子どもには「生きる」「育つ」「守られる」「参加する」権利があるということが保障されています。

　この条約の第3条に「子どもの最善の利益」が掲げられています。子どもに関わることを行うときには，子どもにとって最もよいことは何かを第一に考え行動するということです。単に子どもに関わることと言ってもさまざまな事柄があります。子どもは日々の生活を送る中で，分からないこと，迷うこと，戸惑うことも多くあります。また，子ども本人が気づかない間に周囲から害を受けていることがあるかもしれません。そのようなときに，一つひとつ丁寧に子どもの状況を知り，思いをくみ取り，子どもにとっての最善の道，方法を導いていかなければなりません。それは，"Better"ではなく，"Best"でなければならないのです。例えば，今の子どもの願いや希望，気持ちはどうか，子どもの年齢や性別，特性によってどのように考慮すべきなのか，子どもの今の状況と将来の状況を予測した場合にどのように判断するべきか，今判断したことが子どもにどのような変化や影響を与えることになるのかなど，あらゆる視点で子どもをとらえ，子どもにとって最もよいことを導くのです。常に子どもにとっての最善を考えることが重要であり，決して大人の都合で判断したり，子どもを管理しやすい方法を選んだり，見通しのない対応をしたりしないことです。

2. 障害者の権利に関する条約における「合理的配慮」とは

　「障害者の権利に関する条約」は，障がいのある人が社会の一員として尊厳を持って生活することを目的にしています。この条約には障がいに関連した重要な考え方が示されていますが，そのなかに「合理的配慮」があります。条約では，差別の禁止が掲げられていますが，「合理的配慮」を行わないことは差別にあたるとしています。「合理的配慮」とは，すべての人の平等な機会を確保するために，障がいの状態や性別，年齢などを考慮した変更や調整，サービスを提供することをいいます。

　「合理的配慮」の具体的な例として，車いすを利用する人のためにスロープを設置して段差を解消すること，点字の資料がなければ会合に参加できない視覚に障がいのある方には点字資料を用意すること，知的障がいのある人に何かを伝える場合には，分かりやすい言葉を使い簡潔な文章にまとめたり文章にルビをつけたり，図やイラストなどを使ってゆっくり説明すること，発達障がいのある人で本やノートなどを使用した読み書きに困難があるときには，タブレットなどICT機器などを利用できるようにすること，精神に障がいのある人で情緒が不安定になりそうなときには，別の部屋を提供し落ち着ける場所で休めるようにすることなどが挙げられます。

　子どもの日常的な保育の場面においても，常に合理的配慮を意識していくことが重要です。保育者は，「合理的配慮」を理解し，配慮の必要な子どもに対して生活面や保育場面で適切な「合意的配慮」が求められます。このことも「子どもの最善の利益」の具体的実践でもあります。

3. 第三者評価事業および被措置児童等虐待防止等の取り組み

　すべての子どもには，最善の利益が保障されるなど，数々の権利があることを学びました。しかし，家庭や施設など，第三者からの視線が届きにくい場所においては，子どもの権利が守られない状

況に陥りやすいということも認識しておかなければなりません。ここでは児童福祉施設における子どもの権利を守る取り組みについて紹介します。

1) 第三者評価事業

　第三者評価事業とは，福祉サービスの質の向上や利用者が福祉サービスの内容を把握することを目的に，福祉施設など福祉の事業を行う機関を対象に調査を行うものです。施設の運営や方針，子ども本位における適切な養育の実施と質の確保，子どもが意見等を述べやすい環境の確保など，複数の評価基準に沿って第三者機関が調査し評価します。社会的養護関係施設では，3年に1回以上第三者評価を受審し，その結果を公表しなければならないとされています。

2) 被措置児童等虐待防止等の取り組み

　児童福祉施設には家庭環境などを背景につらい経験をしている子どもが多く生活しています。だからこそ，丁寧に配慮され大切に養育されなければならないにもかかわらず，施設等での虐待はなくならないのが事実です。そこで，児童福祉法では「被措置児童等虐待防止」が規定され，厚生労働省より「被措置児童等虐待防止ガイドライン」（平成21年）が出されています。虐待の定義や通告に関すること，虐待を予防することなどが記載されています。措置された先の施設等でさらに心身を傷つけられることのないよう，子ども一人ひとりの人権を守り養育することが重要です。

3) 苦情解決制度

　児童福祉施設を含めた社会福祉事業の経営者は，利用者等からの苦情を適切に解決していかなければなりません。これは，単に苦情がなければよいというものではなく，まずは利用者が苦情や意見を発言しやすい環境にしていくことが重要になります。児童福祉施設の場合，子どもは自分の意見を言いづらい，勇気を出して意見を出しても相手にしてもらえないかもしれない，意見を出すことで自分が不利になってしまうかもしれない，苦情はあるがそれを職員に知られたくない，自分さえ我慢すれば済むことだ，などと考えてしまうことも少なくありません。そのようなことを想定し，子どもが不満に思っていることや改善してほしいと思っていることなどを，きちんとくみ取る工夫をしていかなければなりません。施設や施設職員に直接苦情を伝えることは難しいため，施設関係者以外の第三者（第三者委員という）が子どもと施設との間に入ってやり取りすることもあります。

4) 子どもの権利ノート

　子どもの権利は，子ども自身が知っておくことが必要です。特に，児童福祉施設で生活するということは，子どもにとっては不安だらけです。不安だらけの子どもに対し，少しでも安心につながるように，そしてあなたが大切な存在であるということを具体的に示すものとして，「子どもの権利ノート」があります。その内容は，例えば「あなたは自分の気持ちを言うことができます」「困ったことがあれば助けてくれる人がいます」など，子ども自身に語りかけるものになっているものがほとんどです。子どもにとって理解できる内容であることが大切で，生活の中で保障されていることを，子どもの年齢や状態に応じて分かりやすく具体的に表現して作成される必要があります。そして，これを

ただ渡すだけでなく，折に触れて分かりやすく説明することも大切です。

　この「子どもの権利ノート」は，法において規定されたものではなく，自治体もしくは各施設の判断で作成・配布されているものです。また，「子どもの権利ノート」とは異なる名称を使用している場合もあります。

主な関連授業
　社会的養護Ⅰ，社会的養護Ⅱ，社会福祉，子ども家庭福祉，障害児保育

ワーク
・「子どもの最善の利益」について具体的な内容を考えてみましょう。
・自分が「子どもの権利ノート」を作るとしたら，どんな内容にしたいか考えてみましょう。

memo

組織的に行われる福祉実践について学ぶ

1．チームによる支援体制

　利用児／者をより深く理解し，支援をすすめていくためには限られた支援者の支援によるものでは限界があります。利用児／者の中にはこれまでさまざまな背景のもと，自らの意思とは異なる生活経験を経てきた場合もあるため，きめ細かな対応が必要なケースが多くあります。現在，社会福祉施設には各分野の専門性を持った専門職がそれぞれの役割を担い，専門的知識に基づいて支援を行っています。限られた支援者が関わる場合よりも，幅広い視点で支援のアプローチができるためです。支援に携わる者が互いの専門性を尊重し，利用児／者を取り巻く社会資源として連携することが，より良い支援へとつながるのです。また，チームとしても支援の力が増していくことになります。

　チームによる支援においては，支援に対する合意形成が大事です。施設実習では直接的に支援に関わって，子どもに寄り添った支援をすすめていくことになりますが，その前提として多くの支援者や専門職がチームで支援に取り組んでいる状況を認識しておかなければなりません。

2．他職種の専門性を理解する

　前記したように社会福祉施設では，さまざまな専門性を持った者が支援に携わっています。まず社会福祉分野の国家資格として，保育士，社会福祉士，精神保健福祉士，介護福祉士があります。これらの資格は，名称独占の資格と位置づけられており，それぞれの資格の根拠法に則って登録を行うことにより，資格名称の使用が認められています。また，施設実習の実習先となっている乳児院や児童養護施設においては，保護者支援に携わり，子どもの家庭復帰や福祉施設を退所した子どもたちへの相談支援を担当する家庭支援専門相談員（ファミリーソーシャルワーカー），児童相談所の里親担当職員等と連携して，入所児童の里親委託の推進及び里親向けの各種研修を行う里親支援専門相談員（里親支援ソーシャルワーカー）等の職種が配置されています。他に，障害児通所支援の児童発達支援等や障害児入所支援の障害児入所施設においては児童発達支援管理責任者が配置されています。さらに，障害者福祉サービス事業所等の通所支援や障害者支援施設の入所支援においては，サービス管理責任者が配置されています。これらは，福祉施設を利用する利用児／者に対してサービスの提供に係る内容や個別支援に係る計画の策定や他機関との連絡調整，支援スタッフの指導を行う役割を担っています。

　このようななか，施設実習では，保育士が支援に必要な保育の専門的視点を他職種にどのように伝えられているのかを支援の現場で学ぶ場となり，また，他職種の支援の視点を理解することが求められます。これらを達成するためにも，それぞれの施設に配置されている専門職や職種について調べ，機能や役割について理解しておくことが必要です。

3．カンファレンスと記録の活用

　カンファレンスとは，会議や話し合いという意味があり，福祉施設の現場では事例検討と呼ばれることもあります。主たる担当者が支援の取り組み状況について報告をし，チームや施設内で話し合います。また，支援に関わる外部の機関や他職種を交えて意見交換をするケースもあります。

　カンファレンスにおいては，支援に関する計画策定を目的にしたもの，支援の経過途中において，適切な進行管理がなされているかの検討を目的にしたもの，支援が終結した時点での振り返りを目的

としたものなど，その対象となる利用児／者の状況によって異なります。専門職がそれぞれの支援の視点で意見を述べ合い，チームとして利用児／者に関わっているという意識のもとに，支援の現状を認識する，そして今後の支援の展開について合意形成を図っていくことになります。

　また，カンファレンスは必ずしも支援に携わる者，専門職だけが参加をするものではありません。支援の主体である利用児／者が加わって進められることもあります。当事者の意見を聴くことは重要で，支援に携わる者の認識や考えだけで完結させることは望ましくありません。あくまでも利用児／者主体に基づいた支援の展開を基盤とし，カンファレンス等の場を用いてその考え方を実現させる取り組みを推進することが求められます。

　次に，記録の活用について考えていきます（図 27-1）。ここで説明する記録とは，支援に関する計画に基づいて，日々の利用児／者の活動を通じた支援の関わりとその結果，今後の取り組みを記したものです。記録を通じて支援の振り返りをすることが活用のひとつとなります。これまでの支援の歩みを見つめ直し，日々の関わりからは見えなかったことも，記録を通じて過去をさかのぼることで利用児／者の成長や変化に気づく場合があります。

　ほかに，他機関や支援に携わる者が加わる場合のカンファレンスにおける資料としても活用されます。記録を通じて経過を把握することができるとともに，情報の共有化を進める大きな役割を持ちます。よって，支援の経過を適切に記録すること自体が支援の取り組みにつながっていくことを認識する必要があります。

　具体的な記載にあたっての留意点としては，事実と考察を分けて記すことが重要です。利用児／者の客観的な言動を記す事実の部分と，それに対する支援者の考えの部分が入り混じらないようにしな

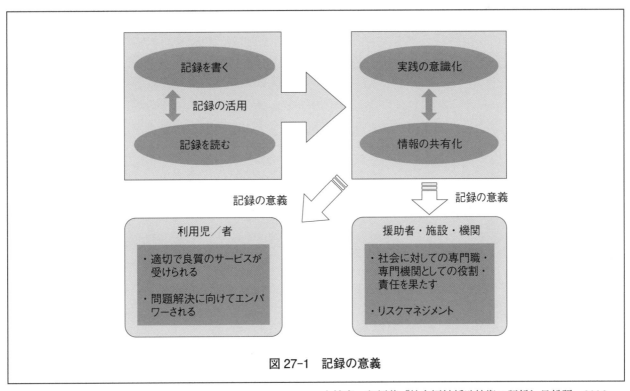

図 27-1　記録の意義

小椋喜一郎編著『社会福祉援助技術の記録』日総研，2006
中嶌洋，園川緑編著『相談援助演習入門』萌文書林，2015 より改変

ければなりません。これが混合してしまうと，後から支援に加わる者が記録を読み状況を把握しようとしたときに，利用児／者の実情と支援者の行動が正確に認識できなくなるので注意が必要です。

参考文献
・中嶌洋，園川緑編著　井上美和，大賀有記，土永葉子著『保育・社会福祉学生のための相談援助演習入門』萌文書林，2015
主な関連授業
・子ども家庭支援論
ワーク
・施設実習先に配置されている専門職や職種について調べ，それぞれの機能や役割についてまとめてみましょう。

Special Lesson 2

「実りある実習体験にするために」

東京都石神井学園支援部門　第2グループリーダー

藤岡 孝雄

「予習」「復習」を大切に

　私の勤務先は，虐待などの理由により家庭で暮らすことの出来ないお子さんをお預かりし，家庭に代わって養育をする児童養護施設です。近年，児童虐待の問題が世間でも頻繁に取り上げられるようになり，児童養護施設という場がニュースで特集されたり，ドラマに描かれたりすることも増えてきました。しかし，実際に児童養護施設の現場に足を踏み入れることのないまま，実習オリエンテーションの日を迎える方々が多いのではないでしょうか。

　施設実習の期間は長いように思えるかも知れませんが，実際にはあっという間に終わってしまうので，「慣れてきた頃に最終日になってしまった」という実習生の感想をよく耳にします。実習の期間を延ばすことは出来ませんが，「予習」と「復習」をすることで施設実習での学びをより深めることは可能です。

　「予習」とは，実習先の施設のことを可能な限り調べておくことです。実際に見学やボランティアなどで施設に足を踏み入れたことのある人は，実習前からより具体的に施設の生活や実習での自分の動きをイメージすることが出来るでしょう。そうしたイメージを持って実習に臨むのと，そうでないのとでは，実習中に得られる学びが異なるように思います。また，施設のことだけではなく，関係機関や制度などについても事前に学んでおくとよいでしょう。授業やテキストなどで学んだことと，実習での体験が結びつくと，より知識の定着が進みます。

　「復習」とは，施設実習での体験を踏まえて，自分なりに感じたことや考えたことを整理し，次の学びに生かしていくことです。施設実習は2週間程度で終わってしまいますが，その後の「復習」をしっかり行うことで，実習で得た学びをさらに深めていくことが出来ます。現場での仕事も似たような部分がありますが，渦中にいるときこそ客観的に自分の体験を捉えることが難しい為，実習を終えた後の振り返りは重要な意味を持っていると言えます。

　実習期間中には，授業では得られないようなさまざまな体験が実習生のみなさんを待っています。時には悩み，壁にぶつかってしまうこともあるかも知れません。疑問に感じたことや分からないことは，是非積極的に職員に質問してみてください。しかし，実習中で次々に新しい刺激を受けている間は，「何が分からないか分からない」という状態になってしまうことも珍しくありません。そうしたときは，とにかく感じているモヤモヤを言葉にして，実習ノートやメモに残し

ておきましょう。実習中には答えが出なくとも，文字として残っていれば実習終了後に改めてじっくり考えることが出来ます。

観察力と想像力

　次に，施設実習に臨む上で留意して欲しい点についてお伝えします。

　児童養護施設は子どもたちの生活施設ですので，当然のことながら，24時間365日休みはありません。しかしながら，我々職員には休みがあり，複数の職員で交替制勤務を組みながら子どもたちの生活を支えています。その為，職員間の引き継ぎを日々丁寧に行うことが求められています。また，子どもたちは施設の中だけでなく，幼稚園や学校という施設外の世界でも活動をしている為，そうした関係機関との連携の中で，総合的に子どもの状態を把握する必要があります。実習生のみなさんも，目の前にいる子どもの行動や状態を考えるときに，表面的な部分にとらわれず，背景に何があるのかということを，想像力を働かせて考察してみてください。目の前にいる子どもが示している姿は，あくまで切り取られた一部分であるということを念頭に置く必要があります。

　例えば，昨日まで上機嫌だった子どもが，今日学校から帰ってきたら，とても不機嫌そうな様子になっていて，こちらからの声かけを無視したり，反発してきたりするとします。表面的な行動にとらわれていたら，それだけを捉えて注意・指導といった関わりをしてしまうかも知れませんが，ちょっとした想像力を働かせることが出来れば，「学校で何らかのストレスがかかったのかも知れない」という前提で，慎重に対応を考えるでしょう。さらにその子どもの生育歴を把握していれば，「何かトラウマティックな記憶が想起されるようなきっかけがあったのかも知れない」という観点で行動を捉えるかも知れません。実習生は，実習期間中に子どもの生育歴まで知ることはないかも知れませんが，想像力を最大限に働かせ，さまざまな仮説を立てながら子どもの様子について考察してもらえればと思います。

　ここで大切なのは，仮説を出来るだけ多く持つということです。実習中は，日々実習ノートを記すことになると思いますが，その記述を見ていて気になることは，考察に書かれている仮説が単一であったり，偏った見方になっていたりすることです。前述の通り，実習生が実習中に得られる子どもの情報は限られているかも知れませんが，その中でも観察力と想像力を最大限に活用して，出来る限り多くの仮説を持って実習に取り組むことで，より考察が深まると思います。こうしたことは，実習中に限らず，日常場面においても習慣づけることが可能です。日頃から，物事をさまざまな角度・立場から考える癖をつけておくとよいでしょう。

子どもたちの生活を尊重する

　児童養護施設では，通常2歳から18歳までの児童が生活しています。施設によっては，幼児

のみを集団養育する幼児寮や小学生のみ，或いは中高生のみといった形でいわゆる横割りの児童寮を運営している施設もあります。さまざまな年齢の児童が生活している施設ですが，多くの実習生の方が苦労するのは，中高生児童との関わりです。幼児や小学生は，自分たちの方から実習生に関わりを求める場合が多く，実習生の方々も比較的関わりやすい印象を持つでしょう。しかし，多くの場合，中高生くらいの児童になると，自分たちから積極的に関わってくることはなく，実習生もなかなか関係を築くことが出来ずに悩むケースが少なくありません。

　実習に臨むに当たって，「子ども全員と仲良くなりたい」という目標を掲げている実習生の場合，実習期間が折り返し地点まで来た頃に話をすると，「幼児さんや小学生の子たちとはある程度お話が出来るんですが，高校生の〇〇君とはまだ一言も話せていないんです…」といったことで悩んでしまうケースがあります。

　しかし，逆の立場だったら…と考えてみてください。自分が中高生の頃，家に突然実習生がやってきたら，どう感じたでしょうか。実習生からすれば児童養護施設はあくまで実習機関の一つですが，そこで生活している子どもたちにとっては，生活の場です。そこに突然実習生がやってきて，2週間ともに暮らすことになるのです。積極的に自分から話そうとは思わず，実習生から話し掛けられても，当たり障りない会話をするのがやっと，といった様子でも無理はないでしょう。

　そうは言っても，実習生なのだから積極的に自分から関係を築く努力をした方が良い，という考え方もあると思います。それ自体は私も否定しませんが，一方で考えていただきたいことは，子どもたちの生活の場に足を踏み入れるということへの最大限の配慮です。即ち，児童一人ひとりの個性やそれぞれの生活のペースを尊重して，実習をしていただきたいということです。子どもたちの生活は，実習期間よりも前から続いていて，実習期間終了後も続いていきます。前述のように，実習生の方々が関わる期間は，あくまでその連続線上の切り取られた一部分であるということを踏まえた上で，実習に臨んでいただければと思います。

　こういったことをお伝えすると，実習を控えている方々は，子どもたちとの関わりに消極的になってしまうかも知れません。しかし，消極的になる必要は全くありません。上述のような配慮を持って関わっていれば，それは何らかの形で子どもたちにも伝わります。個々の子どもの状態に応じて，互いに無理のない範囲で関わっていけばよいのだと思います。

　児童養護施設の仕事には，子どもに直接関わり支援する他に，日々の生活を快適にする為の家事も含まれています。主に子どもたちが登園・登校している日中や，就寝中の夜勤帯などに行うことが多いのですが，これらも間接的に子どもたちの生活を豊かにする為の大切な仕事です。児童養護施設に入所している子どもたちの中には，衣食住が十分でない環境で暮らした経験がある子どもも少なからずいます。そうした子どもたちにとって，衣食住が当たり前に保障されている環境を提供することは，虐待などの影響から回復する為の第一歩となります。そういった視点を持って，実習中に行う家事（間接支援）の一つひとつを丁寧に行っていただければと思います。

おわりに

　冒頭で，「実習期間は長いようであっという間」と書きましたが，そうは言っても，慣れない環境で早番・遅番・夜勤（施設によっては宿直）などといった慣れない勤務を体験するわけですから，心身ともに疲れることでしょう。実習に臨む上で最も重要なことは，心身のコンディションを整え，無事に実習を修了することです。そのためには，日頃からご自身の健康に留意し，万全の状態で実習初日を迎えるように心がけてください。また，実習期間中も体調管理をしっかり行い，休養も十分取るようにしてください。

　現場で実習指導をする立場としては，児童養護施設での就職を考えている方には勿論のこと，そうでない実習生の方にも，児童養護施設の仕事の魅力や価値についてしっかりお伝えしたいと思っています。実習体験は，そのときにしか得ることの出来ない貴重なものであるからこそ，こちらも真剣に実習指導を行いたいと思います。願わくは，私の園で実習をした方が，児童養護施設での仕事に就きたいと思えるような，そんな実習体験をサポート出来たら，と思っています。

保育実習 I（施設）を振り返る

児童養護施設　リビングダイニング

Lesson 28　保育実習Ⅰ（施設）の内容について振り返る

1. 気持ちの振り返り

　実習終了後のいまの気持ちを自覚してみましょう。いまの自分が前向きな気持ちで充実している場合は，次の実習に対して意欲的に取り組むことができると思います。しかし，大きな不安を感じていたり，自信を喪失したりした状態の場合は次の実習に向けて意欲的に取り組むことは困難です。いまの気持ちは実習中の一つひとつの場面で得られた気持ちの総体ですから，実習中のどのような場面が気持ちを落ち込ませているのか，実習活動を振り返り具体的な場面を抽出してみましょう。気持ちに影響を及ぼす利用児／者の言動などの具体的な場面を理解し，その言動などに対する支援のあり方を改善することで，気持ちを前向きに切り替えることができると思います。さらに，振り返りを行うことは「嬉しい」「楽しい」と感じた前向きな場面を抽出することにもなり，自らの強みを自覚していくことにもつながります。

　また，自分の気持ちが利用児／者の支援にどのような影響を及ぼしているのか理解することも大切です。同じ場面でも気持ちの受け止め方は実習生一人ひとり違います。そのため，自分が利用児／者の言動に対して，どのように感じて，どのような支援（行動）をする傾向があるのか理解することが重要です。それは，子どもの言動に対して自分で気持ちを制御して冷静に対処している場面もあれば，気持ちを制御できず無自覚に感情的な支援を行っていることもあるからです。後者の感情的な支援の多くは，利用児／者に対して効果的な支援を実践できていない可能性があります。印象に残っている事例などを取り上げ，利用児／者の言動に対してその時点で自分がどんな気持ちで支援をしたのか考察してください。そうすれば，自分の気持ちを制御して支援を行っている場面と感情的に支援を行っている場面を理解でき，自分が感情的になってしまう利用児／者の言動を自覚して，常に自分の感情の動きに注意を払い，気持ちを制御して冷静な支援を行うことができるでしょう。

2. 事実の振り返り

　次に，自分が保育実習Ⅰ（施設）で実践した事実について振り返ります。ここでの事実とは，実習に対する取り組んだ姿勢や責任のある行動などの「態度」，実習施設の目的及び役割の理解や子ども及び利用者に対する関わり方などの「知識・技術」のことです。つまり，事実の振り返りとは，保育実習Ⅰ（施設）で実践した「態度」「知識・技術」について，どれくらい理解できたのか（理解度），どれくらい身につけることができたのか（習得度）を評価して，その評価に対する考察を行い，次回の実習や支援に対する課題を抽出することを意味します。

　まず，事実の振り返りは，保育実習Ⅰ（施設）でのさまざまな学習すべき場面における理解度や習得度を評価します。そして，その評価結果を見て，自身の実習で学習すべき全ての場面を比較して「態度」「知識・技術」の理解度や習得度の傾向を捉えることです。さまざまな学習すべき場面の評価を俯瞰して傾向を捉えることによって，自身の得意・不得意な場面を理解することができます。また，実習の評価は自ら実習を評価する「自己評価」と実習施設の実習指導者が評価する「施設評価」の2つの種類があります。自らの考え方や価値観に基づく「自己評価」と専門職の目を通した「施設評価」を比較して，より正確に実習生としての実力を理解することが大切です。

　次に，事実の振り返りは学習すべき場面の理解度や習得度を評価することだけでは終わりません。なぜ，そのような評価結果になったのか，その原因を実習中の自分の行動や事前準備などの情報を基

に考察することが大切です。評価結果に対する原因が理解できれば，その原因を改善する方法を考え，次の実習（支援）に対する課題を抽出することができます。また，振り返りは現場の施設保育士になってからも繰り返し行われます。子どもや利用者に対する支援などに対して常に振り返りを行い，課題をもって支援に取り組むことによって施設保育士としての成長に繋げるのです。

3. 振り返りのワーク

保育実習Ⅰ（施設）で感じた「気持ち」と学習した「事実」を Lesson 28〜30 のワークシート例によって振り返ります。この Lesson 28 では「気持ち」について振り返ります。Work ①（☞巻末ワークシート例 Lesson 28）の「嬉しい場面」「落ち込んだ場面」について，思い出せる限り該当する場面を記述してみましょう。該当する場面を記述したら，なぜ「嬉しい」と感じたのか？ なぜ「落ち込んだ」のか？その原因を記述した場面ごとに考えてワークシートに書き込んでください。「嬉しい」と感じた場面については，その原因を踏まえて次の実習（支援現場）でも再現できるように行動計画を立てましょう。また「落ち込んだ」場面に関しては，その原因を改善するために次の実習（支援現場）に向けての課題を考えましょう。そうすると，次回の実習（支援現場）に向けて意欲的に取り組むことができるはずです。

今度は「気持ち」がどのように実際の支援に影響しているのか，事例によって振り返ります。Work ②（☞巻末ワークシート例 Lesson 28）には，印象に残っている支援を取り上げてみましょう。まず，ワークシートの例文に倣い事例の要旨を記述してください。事例の記述に関してはできるだけ利用児／者の言動と自身の支援の言動を具体的に時系列で書き込み，その利用児／者の言動と自身の言動に対するその時の気持ちを記入します（ワークシート例文参照）。最後に事例の言動とその時感じた気持ちを考察して，この場面で学習したことを記入しましょう。そうすることで，利用児／者の言動がどのように自身の「気持ち」に影響するのか，そして，実際の支援はその「気持ち」を制御して行っているのか，感情的に行っているのか，自身の傾向を理解することができます。利用児／者の言動に対する自分の「気持ち」の傾向を自己覚知することで，自分の「気持ち」の特性に気をつけながら冷静に支援することができるはずです。

参考文献
・全国保育士養成協議会編『保育実習指導のミニマムスタンダード Ver2』中央法規出版，2018
・長谷川雅美，白波瀬裕美編『自己理解・対象理解を深めるプロセスレコード』日総研出版，2010

主な関連授業
・保育実習指導Ⅰ，保育実習指導Ⅲ

ワーク
・巻末ワークシート例 Lesson 28 の Work ①に「嬉しい場面」「落ち込んだ場面」に該当する場面を記述してください。また，その原因を記述した場面ごとに考えてワークシートに書き込んでください。
・Work ②に印象に残っている支援を取り上げてみましょう。ワークシートの説明文を参考に記入して，子どもや利用者の言動に対する自身の「気持ち」と支援などの関わりへの影響を考察してください。

Lesson 29　保育実習Ⅰ（施設）の評価結果について知る

1. 評価の客観性

　Lesson 29 からは「事実の振り返り」の考え方と方法について説明をします。「事実の振り返り」は，保育実習Ⅰ（施設）を評価することから始まります。事実の評価をするためには評価の客観性を保つことが何より重要です。まず，客観性とは主観性と相対する意味を持ち，具体的には主観性が自分の考えや感じ方に依存した価値であることに対し，客観性は誰しもが妥当だと判断できる普遍的な価値です。つまり，客観性を持つ評価とは自分の考えや感じ方などの主観的な評価を廃し，誰しもが妥当であると判断できる普遍的な価値を基準とした客観的評価と捉えることができます。

　さらに，一般的に客観的評価として捉えられる評価は，100m 走のタイムや児童相談所の相談件数などの数値で計測可能な定量評価があげられます。しかし，保育実習Ⅰ（施設）の評価は実習生の理解度や習得度を明らかにするものなので，数で計測する定量評価をすることができません。そのため保育実習Ⅰ（施設）の評価は，厳密に客観的評価をすることが困難であることを意味します。

　そこで，保育実習Ⅰ（施設）において，できるだけ客観的評価に近い評価をするための評価方法について考えてみましょう。一般的に定量評価が客観的評価と捉えられる理由は，時間や回数などの数値によって誰がみても同じ評価を導き出すことができる普遍的な価値があるからです。では，保育実習Ⅰ（施設）の評価において普遍的な価値に近い評価をできる方法は，専門的な知識や技術を持ち，多くの専門職の支援を見ている施設保育士（実習指導者）の視点による評価が該当すると思われます。それは社会の誰しもが評価することはできませんが，施設保育士間では専門職としての見地から比較的共通した指標で評価できると考えられるからです。したがって，保育実習Ⅰ（施設）における客観的評価は施設保育士（実習指導者）が評価する「施設評価」が該当し，「施設評価」は普遍的な価値の基に学習成果を理解できる重要な評価であると捉えることができます。

2. 評価の項目

　保育実習Ⅰ（施設）の「施設評価」の評価項目については，保育実習Ⅰ（施設）で学習すべき内容と関連しています。つまり，自分が所属する保育士養成校の評価票に記載されている評価項目を確認すると，保育実習Ⅰ（施設）で求められる全ての学習内容が理解できるのです。ミニマムスタンダードに示される保育実習Ⅰ（施設）の評価票の評価項目では「態度」「知識・技術」「総合所見」「総合評価」で構成されています。保育実習Ⅰ（施設）の学習すべき内容に該当する評価の内容と評価の観点はワークシート例 29 の Work ①（☞巻末ワークシート例 Lesson 29）の内容を参照してください。

3. 評価の読み取り方

　みなさんが実際に「施設評価」を見て真っ先に気になることは各評価項目の評価結果でしょう。もちろん，一つひとつの評価結果を眺めるだけでも，評価項目ごとの学習成果の良し悪しを把握することができます。ただし，次回の実習（支援）への学習課題を理解するためには，評価結果として示された数値を眺めるだけではいけません。この評価結果を自分なりに振り返り，分析することが必要です。

　評価結果の分析する際に必要なことは評価項目間を比較・考察することです。各評価項目を比較することで実習全体の評価を俯瞰することができ，よくできた項目とあまりできなかった項目が見えて

きます。このような評価の凹凸を把握して，満足な学習成果を上げたと実感できる得意な部分，あまり学習成果を上げることができなかった不得意な部分を次の実習（支援）への課題として理解することが大切です。

　次に必要なことは，評価項目の学習すべき内容のうち何ができて，何ができなかったのか理解することです。小学校の成績を思い出してください。通知表で算数が3段階評価の「2」という評価をとったとします。この「2」という評価は算数のある期間で習った各単元の評価の平均を表しているものです。その期間で習った単元のうち，例えば「掛算」ができたのか，それとも「割算」ができたのか，それぞれの評価について表わしている訳ではありません。そのため，その期間に何ができて，何ができなかったのか理解するためには，各単元の学習状況を考察する必要があります。

　「施設評価」も同様であり，ある評価項目で「B」という評価結果が出て，それを眺めているだけでは該当する評価項目の学習すべき内容の何ができて，何ができなかったのか理解することはできません。そのため，各評価項目の具体的な学習内容を把握して，それらの何ができて，何ができなかったのか考察する必要があります。自分が所属する保育士養成校の評価票には具体的な学習内容が記載されていない場合がありますので，記載が無い場合は Work ①（☞巻末ワークシート例 Lesson 29）の評価票で示されている「評価上の観点」を参考にして，各評価項目の具体的な学習内容の学習成果について考察してください。

4. 自己評価との比較

　保育実習Ⅰ（施設）を評価する際には，「施設評価」の他に「自己評価」も行います。「自己評価」は，自分の価値観などに基づいて実習における学習成果を評価するので主観的な評価として捉えられます。そのため，「自己評価」は，客観的評価である「施設評価」と比較した場合，自分でできたと判断した項目でも他者から見ればできていなかったり，反対にできなかったと判断していてもできたと評価されていたりする場合があります。つまり，より正確に保育実習Ⅰ（施設）での学習成果を理解するには，客観的評価と比較して主観的に認識している学習成果を見直す必要があるということです。

　「自己評価」と「施設評価」を比較する際には，「自己評価」と「施設評価」の評価結果が乖離しているところに注目して，なぜそのような齟齬が生じたのか考察してください。自分の見方と実習指導者の見方の違いを理解して，現在の自分の理解度と習得度を正しく認識しましょう。

参考文献
・全国保育士養成協議会編『保育実習指導のミニマムスタンダード Ver2』中央法規出版，2018

主な関連授業
・保育実習指導Ⅰ，保育実習指導Ⅲ

ワーク
・巻末ワークシート例 Lesson 29 の Work ①で「自己評価」「施設評価」をチェックして比較を行い「評価の内容」の学習成果を考察しましょう。また「評価の内容」間の比較をして自分の得意な部分や不得意な部分を理解してください。
・Work ②に評価内容ごとの具体的な学習成果（「何ができて」「何ができなかった」のか）を Work ①の「評価上の観点」を参考に記述してください。

保育実習ⅡまたはⅢに向けた実習課題を明確にする

1. 保育実習Ⅰ（施設）からの実習課題

　Lesson 28, 29 では，ミニマムスタンダードの評価票を参考にし，「自己評価」と「施設評価」を比較して振り返りを実践しました。その振り返りによって，みなさんは保育実習Ⅰ（施設）の学習成果の評価を把握して何らかの課題を理解しているはずです。そこで抽出した課題は，保育実習Ⅰ（施設）で到達できなかった，あるいはより理解を深めたい「態度」「知識・技術」であることを意味します。保育実習Ⅰ（施設）で理解した実習課題は，これから実施する保育実習Ⅱ及びⅢに向けた実習目標の設定や実際の支援（行動）の改善点として活かしましょう。

2. 保育実習ⅡまたはⅢに向けた実習課題

　保育実習Ⅰ（施設）が終了すると，今度は保育実習Ⅱと保育実習Ⅲのどちらかを選択して実習を行います。2回目の実習ですので，保育実習Ⅰ（施設）よりも学習内容を深めた到達目標が設定されています。本著は施設実習を中心に内容が構成されていますので，施設実習を行う保育実習Ⅲに向けた実習課題の捉え方を中心に説明します。

　厚生労働省局長通知から提示されている保育実習Ⅰ（施設）と保育実習Ⅲの目標と内容（**表30-1**）を比較してください。まず，2つの実習の目標と内容を比較して気がつくことは保育実習Ⅲが支援の実際（実践）に基づく到達目標であることです。それは保育実習Ⅲの内容の「施設における支援の実際」において（1）～（6）まで実践的内容が詳細に設定されていることからも理解できます。具体的に個別支援計画に対する内容を比較すると，保育実習Ⅲの内容の「施設における支援の実際」では「（3）個別支援計画の<u>作成と実践</u>」と設定されていますが，保育実習Ⅰ（施設）では「4. 計画と記録」において「（1）支援計画の<u>理解と活用</u>」までの内容になっています（下線筆者）。つまり，保育実習Ⅲは保育実習Ⅰ（施設）で理解した児童福祉施設等に対する役割や子ども・保護者への支援などの知識と技術を実践で活かして，より理解を深める内容になっているのです。

　次に，保育実習Ⅰ（施設）では子どもと保護者を対象とした支援が中心の目標になっていますが，保育実習Ⅲでは子どもと保護者支援に加えて家庭支援の習得まで対象の範囲が広がっています。現在は，子どもや利用者の退所後のアフターケアや地域の子育て家庭への支援など施設の役割が拡大していますので，保育実習Ⅲではそのような社会的状況を踏まえた到達目標が設定されています。

　さらに，保育実習Ⅱ及びⅢは最後の保育実習のため，実際の支援現場で施設保育士として活動する際の自己課題の明確化が到達目標として設定されています。これは，常に自己課題を持ち施設保育士として知識・技術の向上を目指すことを意識付けすることを意味します。自己課題を明確にするためには，日々の実習の反省，施設での反省会，事後学習での振り返りを確実に行うことが大切です。

　また，保育実習Ⅰ（施設）と保育実習Ⅲの保育実習対象施設の範囲が異なります。保育実習Ⅰ（施設）では，保育所を除いた児童福祉施設，障害者支援施設，指定障害福祉サービス事業所などが対象施設ですが，保育実習Ⅲでは保育実習Ⅰ（施設）の対象施設に加えて児童厚生施設やその他の社会福祉関係諸法令の規定に基づき設置されている施設などが対象になります。つまり，保育実習Ⅲでは保育実習Ⅰ（施設）よりも対象となる施設種別の範囲が広く，具体例として保育実習Ⅲでは児童館での実習も実習施設として対象になっています。そのため，保育実習Ⅰ（施設）と保育実習Ⅲの実習配当先が異なる種別の施設であることが多く，2回目の施設実習といえども初めての施設で実習を行う場

合があります。その場合は保育実習Ⅰ（施設）の目標と内容も参考にすると良いと思います。

表30-1　保育実習Ⅰ（施設）と保育実習Ⅲの目標及び内容

保育実習Ⅰ（施設）	保育実習Ⅲ
〈目標〉 1. 保育所，児童福祉施設等の役割や機能を具体的に理解する。 2. 観察や子どもとの関わりを通して子どもへの理解を深める。 3. 既習の教科目の内容を踏まえ，子どもの保育及び保護者への支援について総合的に理解する。 4. 保育の計画・観察・記録及び自己評価等について具体的に理解する。 5. 保育士の業務内容や職業倫理について具体的に理解する。	〈目標〉 1. 既習の教科目や保育実習の経験を踏まえ，児童福祉施設（保育所以外）の役割や機能について実践を通して，理解する。 2. 家庭と地域の生活実態にふれて，子ども家庭福祉，社会的養護，障害児支援に対する理解をもとに，保護者支援，家庭支援のための知識，技術，判断力を習得する。 3. 保育士の業務内容や職業倫理について具体的な実践に結びつけて理解する。 4. 実習における自己の課題を理解する。
〈児童福祉施設（保育所以外）における実習の内容〉 1. 施設の役割と機能 　（1）施設における子どもの生活と保育士の援助や関わり 　（2）施設の役割と機能 2. 子どもの理解 　（1）子どもの観察とその記録 　（2）個々の状態に応じた援助や関わり 3. 施設における子どもの生活と環境 　（1）計画に基づく活動や援助 　（2）子どもの心身の状態に応じた生活と対応 　（3）子どもの活動と環境 　（4）健康管理，安全対策の理解 4. 計画と記録 　（1）支援計画の理解と活用 　（2）記録に基づく省察・自己評価 5. 専門職としての保育士の役割と倫理 　（1）保育士の業務内容 　（2）職員間の役割分担や連携 　（3）保育士の役割と職業倫理	〈内容〉 1. 児童福祉施設等（保育所以外）の役割と機能 2. 施設における支援の実際 　（1）受容し，共感する態度 　（2）個人差や生活環境に伴う子ども（利用者）のニーズの把握と子ども理解 　（3）個別支援計画の作成と実践 　（4）子ども（利用者）の家族への支援と対応 　（5）各施設における多様な専門職との連携・協働 　（6）地域社会との連携・協働 3. 保育士の多様な業務と職業倫理 4. 保育士としての自己課題の明確化

3. 保育実習ⅡまたはⅢに向けた実習課題の設定

　それでは，保育実習Ⅰ（施設）の振り返りと保育実習Ⅲの目標及び内容に応じた実習目標をワークシート例にしたがって考えてみましょう。まず，保育実習Ⅰ（施設）に応じた実習課題は，Lesson 28，29のワークシート例での振り返りで実践した内容を踏まえて保育実習Ⅲの実習課題として捉えましょう（☞巻末ワークシート例Lesson 28, 29）。次に，「2. 保育実習ⅡまたはⅢにむけた実習課題」において取り上げた実習課題のポイントを参考にして保育実習Ⅲの到達目標に応じた実習課題を捉えてみてください。

参考文献
・厚生労働省雇用均等・児童家庭局長通知「指定保育士養成施設の指定及び運営の基準について」2019
・全国保育士養成協議会編『保育実習指導のミニマムスタンダード Ver2』中央法規出版，2018

主な関連授業
・保育実習指導Ⅰ，保育実習指導Ⅲ

ワーク
・「保育実習Ⅰ（施設）の振り返り」と「保育実習Ⅲの目標と内容」について，ワークシート例の「実習課題を捉えるポイント」を参考にして取り上げましょう。

Special Lesson 3

「子どもたちに未来を見る」

豊島区立目白生活実習所・目白福祉作業所　所長

上原 直哉

　２年前から始まった「アトリエめじろっち」は，同じ地域にある保育園の子どもたち，発達の相談を受けている相談室に通っている親子と，この施設に通っている障害のある人たちとのアトリエ活動です。障害のある・なしに関係なく，子どもや大人も一緒にそれぞれが好きなこと，やりたいことをする場で，絵を描く人もいれば，壁に色を塗る人，字を書く人，絵具（水）遊びをする人，寝転んで本を読む人，見にくるだけの人…同じ空間に違うことをしている人たちが一緒にいて，それを表現活動と呼んでいます。

　以前，施設に通っている方が画用紙にいくつかの赤いペンを使って，端から端までゆっくり丁寧に色を塗っていました。その隣では保育園の子どもが好きな絵を描きながら，時々横目で赤く塗っている様子を見ていました。その日から何週間かして，いつものように保育園での絵を描く時間に，横目で見ていた子が赤いペンを使って端から塗り始めたそうです。それを見た保育士は，めじろっちでのことを思い出し，その表現を止めることはせず，塗り終えるまで見守っていたと嬉しそうに話をしてくれました。その年の保育園の作品展は，みんなで同じ課題に取り組んだ作品だけではなく，一人ひとりが考えた個性あふれる大小の作品が所狭しと並び，子どもたちは思い思いに自分のつくった作品のことを親に説明していました。

　一人ひとりの今やりたいことができる環境は，子どもたちの発想力や行動力の後押しをするだけでなく，一人ひとりのステキな個性を生み出すのにも大切なことと感じています。「アトリエめじろっち」をやっていると，そう感じる場面を多く見ることができます。ここで一緒にいる人たち（絵を描いたり，何かつくったりしている人だけではなく，見ている人も，親や保育士，支援員も）みんなが，ここの環境（雰囲気）を作っています。個人の中からだけではなく，さまざまな人がいる中からステキな表現が生まれています。

　バリアフリーという言葉は，社会で当たり前に言われるようになりましたが，心のバリアは実は障害のある人と健常者と言われている人の行き場を分ける学校や社会に行って，関わることが少なくなり作られると思っています。専門性のある療育は必要かもしれませんが，生活をも分けるとお互いに知る機会がなくなり，別の場所にいる知らない人（⇒不安）となります。日々の生活の中で一緒にいることが自然にバリアを作らない，知り合い（⇒安心）となります。だからこそ，バリアのない子どもたちに未来を感じますし，そこに携わる保育士の役割に期待しています。みなさんにはバリアのない，一人ひとりの個性（良いところ）を見つけて大切にする価値観

を持って，子どもたちと関わってもらいたいと思っています。それは，誰にとっても生きやすい心地よい社会を作っていくことになると信じています。

　人は年老いて死ぬまでに，「障害（病気）にならず誰にも迷惑をかけない」というケースは少ないのではないかと思っています。身体のどこかが不自由になれば，人に頼り，支えられて暮らすようになります。さまざまな状態はあるでしょうが，分けるとすれば健常者と障害者（病気の人）しかいないのかもしれません。施設の実習では，障害のある人たちの生活は特別ではなく，当たり前に頼り，支えられて，"多くの人を支えている"ということを知ってもらえたら嬉しく思います。

Part 3
Section 3

保育実習Ⅲに向けて

児童養護施設　園庭

Lesson 31 家庭（保護者）の状況と支援方法について学ぶ

1. 保育士と保護者との関係性を理解する

　どんな保護者に対しても，保育士による基本的な関わりや姿勢は同じですが，実習の対象となる施設によっては，子どもと保護者の関係が複雑で多様なため，保育士は子どもと保護者の関係性によって，個別に配慮すべきことなどには違いが生じます。

　例えば児童養護施設の場合，親がいる場合といない場合，親と連絡が取れる場合と取れない場合，子どもは親に会いたいが親は子どもに会いたくない場合とその逆のケースなど，親子関係はさまざまです。その一つひとつのケースに応じて，保育士の保護者へのアプローチが変わってきます。親の行方が分からないもしくは死別の場合には，親以外の家族や親族がいれば，そのような関係を把握しながら関わりを模索したり，または里親へつなぐ支援を行ったりすることになります。親がいる場合には，それぞれの家族がかかえる背景と課題を把握しながら，親子関係の再構築を図り，家族再統合を意識して関わることになります。家族とともに暮らすことがどうしてもできない場合もありますが，その場合でも常に，子どもにとっては大事な親であること，親にとっては大事な子どもであることを，双方に働きかけることが重要です。家族再統合とは，一緒に暮らすことのみを意味するものではありません。一緒に暮らすことができなくても，お互いに大事な家族と認め合える関係になれば，それも家族再統合の一つの形であるでしょう。

　さまざまに複雑なケースもありますが，親が子どものありのままの姿を受け入れ，子どもを理解していけるように，そして子どもの成長を実感し喜べるように働きかけることが大切です。子どもと離れて暮らす時間が長くなるにつれて，親は子どもを育てる自信がなくなる可能性があります。また，虐待など不適切な養育をした親の多くは，自分自身を責め，ダメな親だと思い込んでいることがあります。保育士はそのような親に対して，自信を取り戻し子育てできるように支援していきます。

　児童発達支援など通所型の施設の場合は，子どもは親と暮らしていますが，保護者は子どもの発達や進路のことなどで不安を抱えていることがあります。中には，自分の子どもに障がいがあることを受容できずに悩んだり，周囲に障がいを理解してもらえず辛い思いをしたりする場合があります。保育士は保護者の気持ちに寄り添いながら，保護者がありのままの自分と子どもを受け入れ，子育ての楽しさを味わえるように支援していきます。もちろん，子育てを前向きに楽しんでいる保護者もたくさんいます。保護者が元気で幸福を実感できるよう，あたたかく見守り対応します。さらに，障がいのある子どもにきょうだいがいる場合には，そのきょうだい児が生活面や精神面で目に見えないストレスを抱えていることもあります。保護者への支援とあわせて，きょうだい児への配慮も保育士として気にかけておくことも大切です。

　さまざまな課題を持つ保護者は，孤独にもなりがちです。保育士は，保護者と個別に関わることだけでなく，保護者同士のつながりを築くための調整をする役割もあります。同じような悩みを分かち合うことで共感し，それが安心感や癒しとなり，ポジティブな気持ちになるきっかけになり得るのです。

　さらに，保育士には代弁者（アドボケイト）としての役割もあります。保護者が自分の意思を表現できなかったり，自分や子どもに不利益が生じているのに気づかなかったりする場合などがあります。そこで，保育士が子どもや保護者の代わりに周囲に意思を伝えることもあります。そして，本人が自分で表明できるようにも支援します。

2. 保護者支援の基本

　保護者と関わるうえで最も重要なことは，互いに信頼関係を築いていくことでしょう。ここでは，信頼を築いていくためにも，対人援助の基本について紹介します。

【個別化】 子どもも家庭も保護者も，それぞれに事情や価値観も違います。みんな同じとしてとらえるのではなく，目の前にいる保護者は，ほかの人とは違う唯一の存在であるととらえます。

【受容】 どんな保護者であっても，たとえ自分とは違う考えだったとしても相手をあるがままに受け入れることが必要です。

【相手を審判しない】 保育士は保護者による子育てを応援するパートナーです。決して審判役ではありません。気になることがあっても，責めたり良し悪しを判断したりせずに受けとめます。

【自分の感情を統制する】 自分の考え方とは違う保護者と出会うと，つい感情的になってしまうことがあるかもしれません。保育士は常に自分自身の感情をコントロールしながら，相手を受け入れる姿勢が必要です。

【相手の感情を引き出す】 悲しみや怒り，喜びなどの感情を，保護者自身が表現できるように意図的に働きかけることが必要です。保護者自身が自分の気持ちに改めて気づき，解決につながるきっかけにもなります。

【自己決定】 誰でも自分のことは自分で決めたいものです。自分ではどうしても決められないこともありますが，その際には本人の気持ちを尊重し，必要な情報提供をしっかりしながら自己決定できるようにサポートします。

【秘密保持】 秘密を守ることは信頼関係の基本であり，保育士の倫理としても重要なことです。

【ストレングスの視点】 どんな状況であれ，保護者一人ひとりにはストレングス（良さや強み，力）があります。相手の弱さやマイナスな点を見るのではなく，たとえマイナスに思われることでもそれを強みととらえることが大切です。それが本人の自信にもつながります。

【エンパワメント】 一人ひとりが持っている力を自分自身で気づけるように，まだ発揮されていないように見える力を発揮できるように支援します。保護者には子育てできる力を持っているととらえ，その力を十分発揮できるようにサポートするのが保育士の役割です。

3. 実習の際に気をつけること

　施設での実習では，実習先の状況等によって実習生が保護者と関わることができる場合とできない場合があります。必ず施設の職員に相談，確認することが大切です。保護者と直接話す機会がある場合は，事前に実習担当者に気をつけるべきことなどを確認しておきましょう。実習生が確認を怠ってしまい保護者に勝手な発言をすることで，子ども本人や保護者を傷つけてしまうこともあり得ますから，十分配慮しておきましょう。直接保護者と関わることができない場合は，実習指導者から保護者支援について聞かせてもらうなどして，積極的に質問などしながら，実際の支援をイメージできるように心がけてみましょう。

Lesson 31

　主な関連授業
・子ども家庭支援論，社会福祉，子育て支援，子ども家庭福祉
　ワーク
・自分が実習する施設では，具体的にどんな保護者支援を行っているかまとめてみましょう。

Lesson 32　他専門機関・施設との連携の実際について学ぶ

1. 関係する専門機関・施設との連携

　保育をはじめ，社会福祉を取り巻く社会の状況は変化，多様化しています。さらに，地域における人間関係の希薄化は子育ての孤立化につながる要因ともなるとも考えられます。また，育児疲れや育児不安，貧困の生活等も要支援につながる状況だと捉えられます。このような各家庭の多様な状況に合わせて支援していくことが求められており，福祉サービスを提供する専門機関・福祉施設がつなが

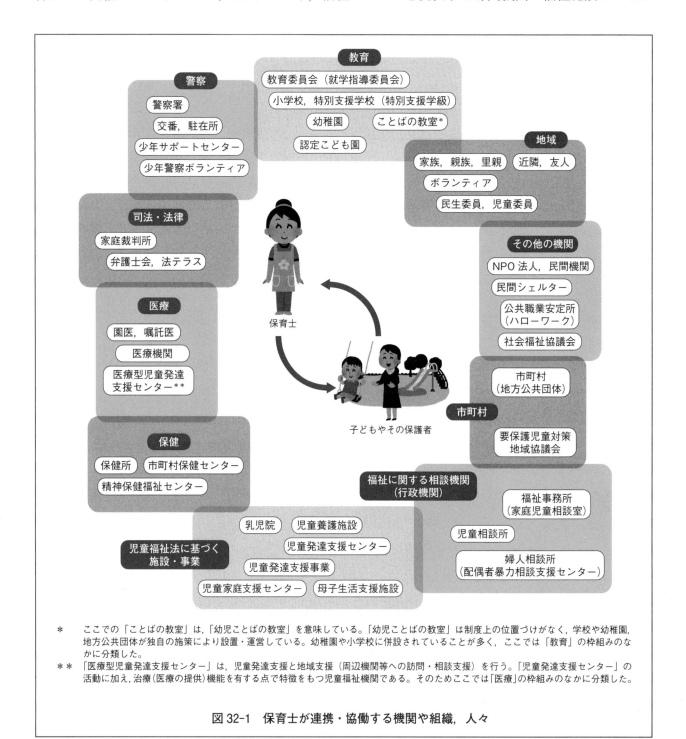

*　ここでの「ことばの教室」は，「幼児ことばの教室」を意味している。「幼児ことばの教室」は制度上の位置づけがなく，学校や幼稚園，地方公共団体が独自の施策により設置・運営している。幼稚園や小学校に併設されていることが多く，ここでは「教育」の枠組みのなかに分類した。

**　「医療型児童発達支援センター」は，児童発達支援と地域支援（周辺機関等への訪問・相談支援）を行う。「児童発達支援センター」の活動に加え，治療（医療の提供）機能を有する点で特徴をもつ児童福祉機関である。そのためここでは「医療」の枠組みのなかに分類した。

図 32-1　保育士が連携・協働する機関や組織，人々

笠師千恵，小橋明子著『相談援助　保育相談支援』中山書店，2014 より一部改変

り合い，支援体制を整備していくことが重要です（図32-1）。

　そして現在，保育を含む社会福祉の支援は，住み慣れた地域社会で生活を営むという考え方を基盤とし推進されています。それを実現するためにも，まず福祉施設や行政機関が生活の基盤を整備することになります。例えば，社会的な課題となっている児童虐待に関する近年の動向を述べると，2016（平成28）年6月の児童福祉法改正により，自治体の特別区に児童相談所を設置することが可能となりました。これは，児童相談所への児童虐待の通告件数が増加しており，児童虐待防止への取り組みを強化することを目的とされています。また，併せて母子保健法が改正され，市町村は妊娠期から子育て期までの切れ目のない支援を提供する「子育て世代包括支援センター（法律上は「母子健康包括支援センター」）を設置するよう努めるものとされました。これまで市町村が母子保健と子育て支援の両面から多様な支援の充実に努めてきたことは事実ですが，子育て家庭をはじめとした地域の住民に対し，必ずしも必要な情報が伝わっておらず，児童虐待の要因とも考えられる子育ての不安を払拭するような予防的な支援が不十分であったという指摘もあり整備されたものです。

　一方で，社会福祉に関わる専門機関が支援の中心に関わることは必要なことですが，より良い支援の展開をしていく上でボランタリーな機関との関わりも重要となります。さまざまな支援に関わる機関同士が連携を図ることによって，個々の生活に合わせた支援につながっていくのです。このボランタリーな関わりは友人や知人，親族，ボランティア等を指します。利用児／者が望む暮らしに欠くことのできない存在です。専門機関では提供することが難しい個々のニーズに対して，柔軟に対応しやすいという利点を持っています。

　このようなさまざまな専門機関やボランタリーな機関がつながり，連携を図り，支援に取り組むことが求められています。「支援に携わる」「人に携わる」という目的や目標を共有して，それぞれの役割を果たしていくことは，利用児／者を取り巻く福祉の環境の充実に大きな意味を持ちます。例えば，児童養護施設において，行政や他の福祉施設等の公的サービス，児童養護施設の所在地である自治会の活動やボランティア，企業等の民間活動が連携を図ることがあります。子どもたちにとっては，人との関わりや行事等を通じてさまざまな経験を積み重ねることができる場であり，豊かな生活を営むことにつながると考えられます。また，当事者である子ども以外の人々にとっても，児童養護施設を理解することや，地域社会における貢献活動，社会福祉に触れる等の貴重な機会ともなります。保育士もこのような支援の視点を持ち，支援に携わることが求められています。

　施設実習においても，利用児／者に対する直接的な支援を学ぶとともに，支援に関わる専門機関や福祉施設がどのように関わっているか等にも意識を向けながら取り組んでいく必要があります。

2. 利用児／者と家族の福祉ニーズを理解する

　保育者は日常的に利用児／者と関わり，日常生活，活動から，その様子を把握することができます。福祉ニーズとは，社会福祉に関するニーズのことを指し，支援の中で解決・緩和が目指されるものです。このような福祉ニーズは利用児／者から直接的な関わりから得る情報もあれば，それを通じて保護者や家庭の様子が見えてくることもあります。

　福祉施設においては，通所施設，入所施設の形態を問わず，さまざまな事情により保護者に接する機会が得られないこともあります。しかし，その場合でも，中〜長期的にかけて面会やその他の接触

できる機会を窺うことも考えていかなければなりません。

　また，福祉施設を利用する場合は，特にその施設職員による関わりだけでなく，児童相談所，相談支援機関，民生委員・児童委員や主任児童委員，ケースによっては地域住民等から情報や支援に対するニーズが収集されることもあります。よって，そのようなさまざまな立場から寄せられる意見を集約しながら利用児／者の思いや考えに沿った支援を展開していくことが日常的な支援の中から求められます。

　施設実習においては，利用児／者と直接的な関わりで支援することを意識しがちですが，その背景にも目を向けながら利用児／者理解につなげていく必要があります。実習施設の指導体制にもよりますが，個別支援計画に基づいた支援の状況を理解し，その上で利用児／者の福祉ニーズのみならず，家族の福祉ニーズも理解する側面が必要といえます。

3. 統合的にニーズを捉える視点

　次に，支援者による支援と利用児／者及びそれを取り巻く福祉ニーズを統合していく視点について説明します。統合的な支援の中には，「専門家として着目した点に立ち状況を理解，判断する」視点と，「利用児／者自身が現在の生活状況をどのように捉え，何を望んで，必要としているのか利用者の立場に立って理解する」視点が存在します。

　この「専門家として着目した点に立ち状況を理解，判断する」視点とは，専門職の知識や技術，価値等の観点，または専門職としてこれまで経験から得られてきたものから理解を深めていくことになります。また，「利用児／者自身が現在の生活状況をどのように捉え，何を望んで，必要としているのか利用者の立場に立って理解する」視点においては，利用者が把握，理解している考え方を通じて状況を捉えようとするものであり，利用者本位，利用者を尊重する姿勢，利用者が有する価値や大事にしたいことの理解等があげられます。これらの視点を合わせ全体的に捉えることが真のニーズを理解していく支援者としての姿勢を育むことになります。

　しかしながら，時には，利用児／者と家族のニーズが合致しないことがあります。例えば，利用児／者は積極的に福祉施設を利用することを望んでいないが，家族は福祉施設の利用を勧めていることがあります。この場合は双方の意思，生活状況を理解しながら，福祉ニーズに基づいて調整を図ることになります。利用児／者が施設を利用することに消極的な様子があれば，その原因を丁寧に理解し，望ましい支援の取り組みを展開していく必要があります。また，家族も同様で利用児／者を含めた家族が願う生活のあり方について聞き取りを行い，家族構成員個々としての立場を越えて，家族の集合体としての支援の目標や方向性を考えていく必要があります。これらのように利用児／者を中心として支援に取り組むことにより，家族全体が願う生活のあり方を目指すことができるようになると思われます。

4. 連携を図るための個人情報の取り扱い

　現在，支援の現場において「個人情報の過剰反応」が課題としてあげられます。これは，2005（平成17）に全面施行された「個人情報の保護に関する法律」により，個人情報を適切に管理するという認識が広まった一方で，個人情報を保護する理由として必要な情報までも提供されなくなった等と

いった「過剰」とも言える反応のことをいいます。これによって，支援に携わる機関や専門職が有する個人情報を適切に活用することができず，それが児童虐待等のケースおいては子どもの命が奪われたり，障がいのある方が入所等の施設から地域へ生活の場を移行する際の支援が遅滞したりする等の状況が発生しています。これらについて，利用児／者の個人情報を適切に取り扱い，不利益が被ることがないようにすることは前提となりますが，そのために，必要な支援が滞るような事態が発生してはなりません。このような状況が発生している背景には個人情報保護法に対する誤解や理解不足が指摘されます。もともと，個人情報保護法は，個人情報の有用性に配慮しつつ個人の権利利益を保護することが目的であり，本法律の趣旨にのっとり，利用児／者に関わる者が連携を図ることができる体制づくりが求められます。福祉の現場においても，利用児／者の同意を得ながら個別支援計画等の取り組みを支援に携わる者が情報共有していくことにより連携が図られ，支援が促進されるものだと考えられます。

　なお，補足として，個人情報保護法（第23条）において本人の同意がなくても，個人情報を第三者に提供できる場合があります。それは，①法令に基づく場合　②人の生命，身体または財産の保護のために必要がある場合であって，本人の同意を得ることが困難であるとき　③公衆衛生の向上または児童の健全の育成のために特に必要がある場合であって，本人の同意を得ることが困難であるとき　④国の機関若しくは地方公共団体又はその委託を受けた者が法令の定める事務を遂行することに対して協力する必要がある場合であって，本人の同意を得ることにより当該事務の遂行に支障を及ぼすおそれがあるときです。この中で②で取り上げた内容はまさに，社会的，生物学的にも外部環境の影響を大きく受ける福祉サービスの利用児／者に対しては支援に関わる専門職が敏感に反応し，然るべき対応ができるようにしなければなりません。

　このように，福祉の支援に携わる者の専門性として，福祉に関する制度やサービスを理解していくことを基盤に，支援の取り組みに関与する各法律等も十分に理解しながら利用児／者の生命や日々の暮らし，活動を支援していくという意識を育んでいく必要があります。

参考文献
・笠師千恵，小橋明子著『相談援助　保育相談支援』中山書店，2014

主な関連授業
・子ども家庭支援論

ワーク
・施設実習の種別先で関係する外部の福祉機関について調べてみましょう。

Lesson 32

保育士の倫理観について学ぶ

1.「保育士の倫理観」の学び

　保育職を志すみなさんにとっては,「保育士の倫理観」についてどのような学びが必要となるのでしょうか[1]。「指定保育士養成施設の指定及び運営の基準について」(厚生労働省雇用均等・児童家庭局, 2019 年改正) では,「保育実習Ⅰ」の目標において,「5. 保育士の業務内容や職業倫理について具体的に理解する」が掲げられ, さらに,「保育実習Ⅲ」の目標では,「3. 保育士の業務内容や職業倫理について具体的な実践に結びつけて理解する」とされています。また,「保育実習指導Ⅰ」の目標には,「3. 実習施設における子どもの人権と最善の利益の考慮, プライバシーの保護と守秘義務等について理解する」,「保育実習指導Ⅱ又はⅢ」の目標には,「4. 保育士の専門性と職業倫理について理解する」がそれぞれ掲げられています (☞巻末資料②参照)。

2. 保育専門職と職業倫理

　児童福祉法の規定[2] として,「この法律で, 保育士とは, 第 18 条の 18 第 1 項の登録を受け, 保育士の名称を用いて, 専門的知識及び技術をもつて, 児童の保育及び児童の保護者に対する保育に関する指導を行うことを業とする者をいう」(第 18 条の 4) となっています。そして, 保育士に対する法定倫理として,「信用失墜行為の禁止」(第 18 条の 21),「秘密保持 (守秘) 義務」(第 18 条の 22),「名称の使用制限 (独占)」(第 18 条の 23) が規定されており, 加えて,「知識・技能の修得, 維持, 向上の努力」(第 48 条の 4 第 2 項) といった研修義務も定められました。

　保育専門職の立場から利用児／者に関わろうとするとき, 表 33-1 の通り, 子ども・利用者 (最善の利益) への責任 (＝全人的価値・尊厳), および社会 (公共の福祉) への責任 (＝社会的公正・正義) をめぐり, 専門職務上の判断・行為・評価 (「しなければならない」「する方がよい」 ⇔ 「してはならない」) が常に問われるのです[3]。

表 33-1　保育専門職と職業倫理

〈保育の専門性〉
　○子どもの生活・発達援助 (保育環境の整備・設定, 栄養・保健・安全管理, 個別・集団指導 (支援))
　○親 (保護者), 家族・家庭の「就労－育児」支援
　○地域 (生活) 環境・文化の保全, 創造
〈保育専門職に求められる資質〉
　○保育問題 (ニーズ) への関心, 理解
　○対人援助姿勢 (原則) の心得
　○保育内容・技術, 価値観・倫理の研鑽 (「保育の質」につなげて)
〈保育専門職務上の基本的倫理〉
　○人権尊重 (意識) .... 「児童の権利に関する条約」「障害者の権利に関する条約」[4], 国内法 (憲法, 教育・福祉各法) の権利規定等を踏まえて
　○守秘義務 (法定義務) .... プライバシー確保および秘密保持 (実習終了後も同様)
　○安全・健康配慮 .... 事故 (ケガ等) 防止, 病気等異状発見, 他

3. 倫理綱領等の活用

　ところで，保育士の国家資格化に伴い，2003（平成15）年2月に，全国社会福祉協議会，全国保育協議会，全国保育士会が「全国保育士会倫理綱領」を合同採択しました。倫理綱領とは，「専門職者がその業務を遂行するに当たり，その価値観を明確にして職業方針を示したもの」（『社会福祉用語辞典』中央法規出版，2012）とされており，すなわち，専門職における（職業）倫理原則・規準や行動規範・責務等を示すものです。例えば，対人援助を実践するうえでの倫理的ジレンマ[5]等を解決するための指針として，倫理綱領を活用することができます（☞巻末資料⑥参照）。

　保育専門職にあっては，児童福祉法や児童憲章[6]，児童の権利に関する条約とともに，この「全国保育士会倫理綱領」を熟知し，自分なりに，職業倫理の原則や規準等を確認し実践していくことが必要となるのです。

表33-2　保育専門職の倫理原則・規準等

「児童福祉法」（1947年〈2016年改正〉）
第1条　児童の権利・福祉保障
第2条　国民義務，保護者＋国・地方公共団体の健全育成責任
「児童憲章」（1951年）
児童は，人として尊ばれる。
児童は，社会の一員として重んぜられる。
児童は，よい環境のなかで育てられる。
「全国保育士会倫理綱領」（2003年）
基本理念：「私たちは，子どもの育ちを支えます」
　　　　　「私たちは，保護者の子育てを支えます」
　　　　　「私たちは，子どもと子育てにやさしい社会をつくります」
倫理規準：子どもの最善の利益の尊重，子どもの発達保障，保護者との協力，プライバシーの保護，チームワークと
　　　　　自己評価，利用者の代弁，地域の子育て支援，専門職としての責務

参考文献
・川村隆彦著『支援者が成長するための50の原則』中央法規出版，2006
・流石智子監修，浦田雅夫編著『知識を生かし実力をつける　子ども家庭福祉　第4版』保育出版社，2018
・全国保育士養成協議会編『保育実習指導のミニマムスタンダード Ver.2』中央法規出版，2018
・高山静子著『保育者の関わりの理論と実践』エイデル研究所，2019

主な関連授業
・保育原理，子ども家庭福祉，子ども家庭支援論，保育者論

ワーク
・保育業務上のいろいろなジレンマ的場面を想定し，それぞれの場合，あなた（＝現場職員）ならどうするか，実践的に考えてみましょう。

脚注
1)「倫理」とは，『広辞苑』（岩波書店）によると，「人倫のみち。実際道徳の規範となる原理。道徳」とされています。
2) 児童福祉法2001年改正により，保育士は保育専門職として法定化されました。
3) 高山（2019）は，倫理責任の対象として，①子どもや保護者等の利用者に対して，②同僚と職場に対して，③社会に対し

Lesson 33

て，④専門職として，の4点としています。

4) 国際連合は，1989年に「児童の権利に関する条約」，2006年に「障害者の権利に関する条約」を決議・採択しており，どちらも精読しておくことが望まれます（☞巻末資料11参照）。

5) 保育等の専門職務（対人援助実践）において，価値観や規範・責務意識，利害等がぶつかり合い，いずれかを優先し決定しなければならないようなとき，しばしば，援助者（保育士等）は倫理的ジレンマ（葛藤）に陥ります。その解決として，ジレンマを経験するとき，関連法・条約や倫理綱領等を指針として活用し，最も優先すべき最善の専門的判断を下していくのです（例えば，川村〈2006〉）。

6) 児童の権利保障に関する道義的な国内規範（観念確立，幸福追求等）として，1951年に制定されました。

Special Lesson 4

「施設で暮らす子どもたちの家族について考えてみよう」

児童養護施設東京育成園　家庭支援専門相談員

髙橋 直之

　ここでは，私が児童養護施設の家庭支援専門相談員として働いている経験をもとに，施設で暮らす子どもたちとその家族について，みなさんに伝えたいことを書いています。もし，読んでいるみなさんの中で，施設で生活していた経験のある方や，これまで家族との関係の中で悩みや苦しみを抱えている方は，無理して読まずとも，書かれていることについて考えなくても構いません。

子どもが施設に措置される理由

　近年，子どもが虐待を受けて保護されたり施設に措置されたりすることがとても多いです。つまり，施設で生活するほとんどの子どもたちに親がいるということです。施設にいるのは家族があっても家族と一緒に暮らすことができない子どもたちなのです。

　その家族の状況としては，例えば暴力や暴言，必要な世話をしないなどといった，子どもの安全が守られないような不適切な養育環境にあったということです。そうした子どもたちを護り育むのが，施設や里親の役割なのです。

家族との関係を支援する理由

　しかし，施設は措置された子どもを育てるだけではその役割を十分に果たしているとは言えません。

　児童の権利に関する条約では，子どもは「その父母によって養育される権利を有する。（第7条より抜粋）」と示されています。

　また，2016（平成28）年に改正されたわが国の児童福祉法では「国及び地方公共団体は，児童が家庭において心身ともに健やかに養育されるよう，児童の保護者を支援しなければならない（第3条2より抜粋）」とされており，具体的に「児童養護施設は，当該施設に入所した児童及びその保護者に対して，関係機関との緊密な連携を図りつつ，親子の再統合のための支援その他の当該児童が家庭で養育されるために必要な措置を採らなければならない。（第48条3より抜粋）」と定められています。

いずれも，子どもはその親から養育されることが原則で，そのために必要な支援は国の責任で行うべきだと示しています。

子どもたちの本当の願いは

例えば，みなさん自身が，親からの暴力によって施設で生活することになった子どもであると想像したとき，もしこれからの自分の生活場所を自分で決められるとしたら，あなたは次の選択肢の中でどれを選びますか？

①高校卒業までずっと施設で暮らす
②やさしいどこかの誰かに新しく親になってもらう
③親が暴力を振るわなくなり，また一緒に暮らせるようになる

どうでしょうか。100％とまでは言いませんが，大半の人は③を選ぶのではないでしょうか。子どもたちが何を望むのか，同じ安全な生活環境であるなら，家族と生活したい気持ちは当然のことかもしれません。もちろん，あまりにも深刻な虐待などがあった場合はこの限りではありませんので，子どもの意向は十分に聞き取って尊重するのは原則です。

家族との関わり・職員の態度

こんなことがありました。

子どもとの交流のため来園したお母さんと立ち話していた際，私からこんな話をしました。「私が昨日宿直だったので，○ちゃんと一緒にご飯食べたり遊んだりしたんです。とってもかわいかったですよ」と。私にすれば，あなたのお子さんはとてもかわいいですねと伝えたい意図からでありました。

しかし母は表情を硬くして言葉を絞り出しました。「くやしい」と。そしてこう話したのです。

「私はあの子のことを考えない日はありません。今どうしているか，泣いていないか，ちゃんとご飯を食べているか，ずっとそんなことを考えています。また一緒に暮らしたい，ご飯を作ってあげたい，一緒にお風呂に入りたい，同じお布団で寝たい。でも我慢しています。毎日涙を流しています。だからさっきのような話を聞くとくやしいです。腹が立ちます。」

そのような意図ではなかったことを説明しましたが，母のその気持ちは十分に理解できました。

本当の親の姿

そもそも自分の養育が不適切であったために今こうなっているのではないか，という指摘をする人がいるかもしれません。確かにそうかもしれません。でも，私たちは支援者としてこう考え

るのです。

　自分の子どもに虐待して，施設に預けているその親は，子どもが生まれてからずっとダメな親だったのか？　全てがダメな親なのか？

　私たちは子どもを預かる際に母子手帳も一緒に預かります。

　母子手帳には，母親の妊娠中の産婦人科への通院の記録，出産後の健診の経過，予防接種の記録，また親から見た子どもの成長を記載する箇所があります。

　あるとき，細やかにかつ慈愛に満ちた視点で，わが子の成長のよろこびや親であることの不安などが書かれた文章に出会ったことがありました。どのような状況で書かれたものでしょうか。赤ん坊が眠っている，その母親に与えられたほんのわずかな自由時間を使って書かれたことかもしれません。

　あくまでも想像でしかありませんが，少なくともこれが書かれていたその時間，その親子に不適切なことは何もなかったのではないかと考えるのです。そしてまた，施設で暮らす子どもたちが当たり前のように，朝はおはようと挨拶し，箸を使って食事をして，オシッコーといってトイレに行く，それらはどうやって身につけたのか。多くは親から教えられたことではないかと考えたとき，この人は本当に全てがダメな親だったのかという思いが湧いてきます。

それでもダメなものはダメ

　ここまで読んできたみなさんの中には，「じゃあ，親がしてしまった暴力などの虐待も，やってしまったことは仕方なかったのかな。」と考える方がいるかもしれませんが，決してそうではありません。してはいけないことはしてはいけない。いかなる理由があろうと，子どもへの暴力，暴言，不適切な関わり，虐待と呼ばれるそれらの行為をするべきではなかったし，これからも決してしてはならないことには変わりません。

　その中でも性虐待に関しては非常に子どもへのダメージが深いことと，再発の可能性が高いことから，特に深刻に扱う必要がありますし，家族の再統合は基本的に考えません。

「虐待する親」というラベリング

　虐待をする親としない親，というように分けて論じたものと時々出会います。「虐待をするような親はそもそも自分も虐待を受けていた」「愛着に課題がある人が親になると虐待する親になる」などです。特別な人が虐待をするのだという考え方ですが，果たしてそうでしょうか。私の経験から言うと，分けて考えることは難しいと思います。そもそも分けてしまえば家庭復帰支援なんて意味がないでしょうし，子どもを危険にさらすだけです。

　良い親であろうとしたが子どもを傷つけてしまった。自分はしないと思っていたが，暴力を振るうのを止められなかった。そばにいたいと思ったが，放置してしまった。そして子どもが保護

されてから，ようやく自分のしていたことが虐待であると気づいた———

　虐待する親としない親を分ける考え方の背景には「私たちはしない側」という安心を得たい気持ちがあるのかもしれません。私は虐待など受けていない。だから私はしないし，いま私がしていることは虐待ではない，というような。

　どの親も，良い親になろうとしているし，子どもには幸せになってほしいと考えているはず，と信じています。スタートはみな同じ。ほんの少し前まで同じ道を歩いていた。ではなぜ道を間違えてしまったのか。道を行きすぎてしまったのか。十分なアセスメントをもとに支援を考えていくことでしょう。

　児童養護施設での実習を通じて，みなさんが親や保護者と直接接する機会はあまりないかもしれません。しかし，私たちが施設で暮らす子どもたちの親と接するときや，家庭支援を検討するときの基本的態度についてどのような立場でいるのか考える必要があります。

　「こんなかわいい子どもに暴力を振るったひどい親」という視点で考えれば，おそらく支援の範囲は限られたものになってしまうでしょうし，子どもが親の話をあなたにしているとき，あなたはどんな顔をしているでしょうか。それは専門家として適切な態度でしょうか。

　子どもの安全が十分に守られることが最優先にしつつ，家族の再出発をどのように支援していけるのか。私たち専門家に課せられた役割はとても大きいと感じます。ぜひ本書に書かれていることをはじめ，たくさんの学びを得て，現場で活躍してほしいと思います。

Check! 2

1. 施設実習Ⅰ（保育実習Ⅰ）編

1）実習前に押さえておきましょう。

☐ 施設実習の実習先施設は多様ですが共通点はどのような点ですか。（☞ Lesson 12）

☐ 生活施設で実習する際に配慮すべき点は何ですか。またその理由は。（☞ Lesson 12）

☐ あなたが実習を行う施設の利用児／者の特徴と関わり方において配慮すべき点は何ですか。（☞ Lesson 13〜24）

☐ あなたが実習を行う施設の機能（役割）はどのようなものですか。（☞ Lesson 13〜24）

☐ あなたが実習を行う施設の保育士（生活支援スタッフ）はどのような専門性を有していますか。（☞ Lesson 13〜24）

☐ 実習におけるスーパービジョンはどのように行われますか。（☞ Lesson 25）

☐ あなたが実習を行う施設の具体的な場面を想像し，利用児／者の権利擁護を行うための取り組みとして実習生がどのようなことをすべきか考えてみてください。（☞ Lesson 26）

☐ あなたが実習を行う施設では，どのような職種の人がいますか。（☞ Lesson 27）

☐ Special Lesson 2 の内容を読み，実習生としてどのような準備が必要だと考えましたか。（☞ Special Lesson 2）

2）実習後に確かめておきましょう。

☐ 利用児／者との関わりではどのような感情を抱きましたか。その背景には何があると考えますか。（☞ Lesson 28）

☐ あなたと施設の評価にズレはありましたか。その理由について考えてみましょう。（☞ Lesson 29）

☐ 施設実習Ⅰを終えて，次の実習でさらに伸ばしたい自身の力は何ですか。（☞ Lesson 30）

☐ 施設実習Ⅰを終えて，次の実習までに改善したい自身の特徴は何ですか。（☞ Lesson 30）

☐ Special Lesson 3 の内容を読み，どのようなことを考えましたか。（☞ Special Lesson 3）

2. 施設実習Ⅱ（保育実習Ⅲ）編

1) 実習前に押さえておきましょう。

☐ あなたが実習を行う施設の利用児者の特徴と関わり方において配慮すべき点は何ですか。（☞ Lesson 13～24）

☐ あなたが実習を行う施設の機能（役割）はどのようなものですか。（☞ Lesson 13～24）

☐ あなたが実習を行う施設の保育士（生活支援スタッフ）はどのような専門性を有していますか。（☞ Lesson 13～24）

☐ あなたが実習を行う施設の具体的な場面を想像し，利用児／者の権利擁護を行うための取り組みとして実習生がどのようなことをすべきか考えてみてください。（☞ Lesson 26）

☐ あなたが実習を行う施設の利用児／者の家族への支援として必要なことは何ですか。（☞ Lesson 31）

☐ 家族への支援について実習生としてどのように学びますか。（☞ Lesson 31）

☐ あなたが実習を行う施設では，どのような職種の人がいますか。（☞ Lesson 32）

☐ あなたが実習を行う施設では，どのような機関・施設と連携していますか。（☞ Lesson 32）

☐ 施設ごとの倫理綱領（児童養護施設であれば「児童養護施設倫理綱領」など。規定されていない場合は「全国保育士会倫理綱領」）の内容から，それぞれの項目について具体的な場面をイメージできますか。（☞ Lesson 33）

☐ Special Lesson 4 の内容を読み，どのようなことを考えましたか。（☞ Special Lesson 4）

2) 実習後に確かめておきましょう。

☐ 利用児／者との関わりではどのような感情を抱きましたか。その背景には何があると考えますか。（☞ Lesson 34）

☐ 利用児者の家族への支援について実習中，どのようなことを学びましたか。（☞ Lesson 34）

☐ 保育所実習Ⅰおよび施設実習Ⅰの体験を踏まえ，取り組んだ課題は達成できましたか。（☞ Lesson 34）

☐ あなたと施設の評価にズレはありましたか。その理由について考えてみましょう。（☞ Lesson 35）

☐ 施設実習Ⅱを終えて，卒業までにさらに伸ばしたい自身の力は何ですか。（☞ Lesson 36）

☐ 施設実習Ⅱを終えて，卒業までに改善したい自身の特徴は何ですか。（☞ Lesson 37）

☐ Special Lesson 5 の内容を読み，どのようなことを考えましたか。（☞ Special Lesson 5）

☐ Special Lesson 6 の内容を読み，どのようなことを考えましたか。（☞ Special Lesson 6）

Part 4

保育実習Ⅲを振り返る

児童養護施設　居室

Lesson 34 保育実習Ⅲの内容について振り返る

　さて「保育実習Ⅲ」が終わりました。「保育実習Ⅰ（施設）」とは異なる施設種での実習となった人も多いと思います。保育所での実習も合わせて複数の施設種での実習を経験することにより，子どもや利用者の方のことをさまざまな視点から見て，広く深く理解できるようになったことと思います。それとともに，家庭や地域にも視野が広がり，保育士という仕事の難しさと意義もより理解できたのではないかと思います。

　ではチェックリストを用いて，最後の実習を振り返ってみましょう。ここでも今までの実習と同様に，あまり深く考えずに，直感的に，ねらい，内容，態度，それぞれの項目について今回の実習のことを振り返りながらチェックをしていってください。チェックリストの具体的な内容は，**表34-1** のようになります。このチェックリストは，厚生労働省子ども家庭局長通知の「指定保育士養成施設の指定及び運営の基準について」に示されている「教科目の教授内容」をもとに作成しています。

　実習経験を積み重ね，またさまざまな評価の経験を積むと，みなさん自身の評価の視点や基準も変化していきます。多くの場合，自己評価の基準はより厳しくなりますが，それは保育士として，専門家としての目が養われてきていることの現れです。絶対に正しい自己評価というものはありませんので，ここでは，実習中のことを振り返りつつ，現在のみなさん自身の基準から，率直に自己評価をしてみましょう。

母子生活支援施設　居室

表34-1　チェックリスト―「保育実習Ⅲ」のねらいと内容・態度

	十分できた	まあまあできた	あまりできなかった
<ねらい>			
1. 既習の教科目や保育実習の経験を踏まえ，児童福祉施設等の役割や機能について実践を通して，理解する。			
2. 家庭と地域の生活実態にふれて，子ども家庭福祉，社会的養護，障害児支援に対する理解をもとに，保護者支援，家庭支援のための知識，技術，判断力を習得する。			
3. 保育士の業務内容や職業倫理について具体的な実践に結びつけて理解する。			
4. 実習における自己の課題を理解する。			
<内容>			
1. 児童福祉施設等の役割と機能を理解する。			
2. 子どもや利用者を受容し，共感する態度を学ぶ。			
3. 個人差や生活環境に伴う子どもや利用者のニーズの把握と子ども理解をする。			
4. 個別支援計画を作成し，実践する。			
5. 多様な専門職との連携・協働について理解を深める。			
6. 地域社会との連携・協働について理解を深める。			
7. 保育士の多様な業務と職業倫理を理解する。			
8. 保育士としての自己課題を明確にする。			
<態度>			
1. 意欲を持って実習に取り組んだ。			
2. 責任ある態度で実習に取り組んだ。			
3. 保育への探究心を持って保育実践に取り組んだ。			
4. 協調性を持って施設の先生方と関わった。			

Lesson 35　保育実習Ⅲの評価結果について知る

　保育実習Ⅲの評価票は，みなさんにとって，保育実習における保育現場からの最後の評価となります。自分自身の成長を確かめる貴重な機会ですから，その内容を十分に理解して，今後の成長への糧としましょう。

1.　評価の項目

　評価票の評価項目の構成は，ミニマムスタンダードをもとに示すと，**表35-1**のようになります。ここでの項目は，保育実習Ⅲの振り返りで行った自己評価の項目と対応しています。

2.　評価の読み取り方

　評価票を読み取るポイントは，今までの実習と大きく変わりません。各項目について，それぞれの評価の値に注目するだけでなく，所見欄に書かれた内容を良く読んで，その評価理由についても理解するようにしましょう。また一つひとつの評価を見るだけでなく，評価全体のバランスを見て，現在自分がどの様な点が評価されているのか，逆にどの様な点が評価されていないのか，という部分にも注目してみましょう。

3.　自己評価との比較

　ここでは，自己評価との比較を行うことも重要な学びとなります。自己評価と実習先施設からの評価のズレが少なければ，客観的な評価が行えているといえます。しかしただ一致すれば良いという訳ではなく，自分自身はなぜその評価を行ったのか，実習先施設からはなぜその評価を受けたのかということについて，検討しながら比較を行いましょう。自分自身の評価理由と実習先からの評価理由が異なっていた場合には，それは客観的評価とは言えません。そういったことも含めて，ただ数値のズレだけに注目せずに理解を行いましょう。

　またそういった自己評価との比較や，実習先施設からの評価の読み取りについては，養成校の実習担当の教員と協働で行うようにしましょう。実習先で評価を行っていただける職員は，実習中のみなさんの姿を常に見ているわけではなく，その評価も絶対に客観的なものではありません。たとえ低い評価であったり，自己評価との間に大きなズレがあったりしたとしても，それでみなさんの専門性が高まっていないということにはなりません。実習での経験を積み，その経験をしっかりと振り返ることにより，専門性は確実に身についていくものです。自分が行った自己評価とともに，自分が受けた評価について，その評価理由が理解出来るように所見欄等もしっかりと読み取り，今の自分の専門性の理解や今後の課題につなげていくようにしましょう。

表 35-1　保育実習Ⅲの評価表の評価項目

項目	評価の内容	評価			所見
		実習生として優れている	実習生として適切である	実習生として努力を要する	
態度	意欲・積極性				
	責任感				
	探究心				
	協調性				
知識・技能	児童福祉施設の役割と機能				
	受容と共感				
	ニーズの把握と子ども理解				
	個別支援計画立案と実施				
	専門職との連携・協働				
	地域社会との連携・協働				
	保育士の職業倫理				
	自己課題の明確化				
総合所見			総合評価	実習生として A：非常に優れている B：優れている C：適切である D：努力を要する E：成果が認められない	

Lesson 36 保育実習Ⅰ（施設），Ⅲを総括する

1.「保育実習Ⅰ」と「保育実習Ⅲ」の評価

　みなさんは，施設での二度の実習を積み重ね，それぞれでの自己評価，実習園・施設からの評価，それぞれの比較などを行ってきました。二度目の施設実習が終わった今，今までの施設での実習を総括してみましょう。ここまでの流れは以下のようになります。

```
      実習Ⅰの自己課題設定 ──→ 実習Ⅰ → 実習Ⅰの自己評価 → 実習Ⅰの施設からの評価 → 実習Ⅰの評価の比較
⇒ 実習Ⅱの自己課題の明確化 → 実習Ⅱ → 実習Ⅱの自己評価 → 実習Ⅱの施設からの評価 → 実習Ⅱの評価の比較
⇒ 今後の自己課題の明確化
```

図 36-1　保育実習の評価の流れ

　実習Ⅰ・Ⅱそれぞれの自己課題や自己評価，施設からの評価などを改めて全て振り返ってみて，その中から見えてくるものを検討しましょう。

2. 今後の自己課題の明確化

　今までの実習や実習指導の授業中で行ってきたさまざまなワークや学びを通して，今現在の自分の保育士としての力量や課題について検討をしてみましょう。

　その際には，自分が今何をどこまで身につけており，依然として出来ていない克服すべき課題は何なのか，逆に実習を通して出来ていた，もしくは出来るようになっており今後さらに伸ばしていきたいことは何なのか，さまざまな評価や記録を振り返り，**表36-1** のような表にリストアップしてみましょう。その際には，漫然とあげていくのではなく，**表36-1** にあるように実習ⅠとⅢで分け，さらに態度と知識・技能で分けてみると，より分析的・客観的に検討することが出来ます。

3. 施設実習の総括

　施設実習の総括を行うために，一つの文章にまとめることも効果的です。レポートと考えるのでなく，将来自分が見返して，そのときに振り返ることが出来る，将来の自分にあてた手紙だと思って書いてみることも一つの方法です。自分自身にあてた手紙なので，実習中の悩みや思いなど正直に書いてみましょう。また実習の総括として行い，また将来の自分がしっかりと振り返ることが出来るように，実習日誌なども見返しながら，実習の状況や実習中のエピソードなども出来る限り丁寧に書いておきましょう。実習Ⅰの事前の準備から実習Ⅲの振り返りまで，時系列に沿って書き出していくと，施設実習全体の総括としてまとめることも出来ると思います。

　そうやってまとめたものは，実習日誌などと合わせて大切に保管し，将来折を見て振り返ってみましょう。そうすることで，おそらく今は気づけてなかったさまざまなことに気づくことが出来ることもあるでしょうし，初心を思い出すことで保育を行う上での動機づけを高めることにも繋がるでしょう。そのことも踏まえると，実習の総括は，現時点で終わりではなく，将来保育士として経験を積む中でその都度，施設での実習を振り返り，そのときの視点で実習の評価を行うことなどを通して，今後も継続して行っていくものであるともいえます。実習の総括をして終わりではなく，施設での実習での学びや経験が今後の自分につながっていくことを意識して総括を行っていくようにしましょう。

表36-1　改善していきたいことと伸ばしていきたいことのリスト（例）

		改善していきたいこと	伸ばしていきたいこと
保育実習Ⅰ（児童養護施設）	態度	①積極的に動くことを意識していたのに，指示を待ってしまっている時間が長かった。 ②質問をするように指導を受けていたが，適切な質問が思い浮かばなかった。 ③前半は，緊張が強く，自分から動くことや関わることが出来ていなかった。 … …	①挨拶がしっかりと出来ていることを担当の先生から褒められた。 ②実習生同士で業務を分担し，協力しながら実習を行うことが出来た。 ③最後の反省会では，様々な質問をすることが出来て，子どもを見る視点が深まったと思う。 …
	知識・技能	①施設の役割などについて，質問されたときにしっかりと答えることが出来なかった。 ②日誌について，考察が書けていないと指導を受けた。 ③ある子どもから暴言を言われたときに，上手く対応することが出来なかった。 …	①生活の流れについては，事前に説明を受けたもの復習していたために，戸惑わずに動くことが出来た。 ②班の子どもたちとの会話は楽しく行うことが出来て，良い関係を築くことが出来たと思う。 …
保育実習Ⅲ（児童発達支援センター）	態度	⑥実習生同士で話をしていた際に，サボっていると注意を受けたので，どの様にみられているかについて気をつけたい。 ⑦保育中に積極的に動いたつもりだったが，子どもの対応については，勝手な判断をしないようにと指導を受けた。 …	⑤実習中で気づいたことや疑問に思ったことは，積極的に質問を行うことが出来た。 ⑥保護者の方とも，礼儀を持って接する中で，様々な話が出来た。 … …
	知識・技能	⑥子どものアセスメントを行う際に，どの様な視点で行うのかが分からなかった ⑦子どもにパニックが生じた際に，どう対応して良いか分からず，固まってしまった。 ⑧設定保育の指導案を作成する際に，子どもそれぞれの特性の理解が不十分で，部屋の外に飛び出してしまう子どもがいた。	⑤日誌については，考察もしっかりと書けており，子どもや保育者の動きを良く見ることが出来ているとの評価を頂いた ⑥様々な障害を持っている子どもに関して，それぞれの障害の特徴を実際に関わる中で理解することが出来た。 …

※改善点と伸ばしたい点それぞれについて，保育実習Ⅰと保育実習Ⅲを通しての通し番号を態度と知識・技能それぞれにふっておくと今後の整理に役立ちます。

実習後の新たな学習課題を設定する

1. 振り返りを生かす

1) 実習と就職のあいだ

　保育所や施設での実習を終えた今，保育所や施設，子ども，そして，保育士や一緒に働くさまざまな職種の方々の仕事について，多くの知識や情報を得たことと思います。最初の実習が始まる直前のことを覚えていますか。あるいは，どの実習でも始まる前は不安でいっぱいだっただろうと思います。それらの実習を乗り越えてきたみなさんは，就職が近づいてきた今，改めて実習で経験したこと，学んだこと，発見したこと，気づいたこと，知ったことを振り返ってほしいのです。

2) 実習で出会った子ども（利用者）を思い出す

　あの施設で出会った子ども（利用者）は，今どこで何をしているだろうと考えてみることは，とても大切です。考えても，想像しても，実際のことはわかりません。でも，みなさんが就職する保育の世界では，保育士はいつも，子どもたちの将来を考えています。大きくなった子どもの姿をイメージしながら，今日の保育に取り組んでいるのです。今から20年か30年後，自分が関わった子どもと再会したときの喜びを想像してみてください。わくわくしませんか。

3) 実習中の気持ちを思い出す

　施設での実習中，「このことを知らなかった」「あのことについての情報をもっと持っておきたかった」「これができるようになりたい」「このことを子どもに伝えたい」「これを子どもの前でできるようになりたい」など，実習前には思いつかなかった，大切（そう）なことが，いくつかあったと思います。

　実習中の日誌を振り返るなどして，自分が実習中に持っておきたいと思った知識や情報，技術などを確認してください。例えば，子どもたちが普段の会話で話題にしていたアニメやアイドルの知識，野球やサッカーの情報，絵本や紙芝居，手遊びやシアター，そして歌やピアノなど，たくさんのことが思いうかぶのではないでしょうか。

4) 日誌を手元に置く

　施設での実習中，みなさんが一生懸命記録を残した日誌は，どこにありますか。実習終了後，養成校に提出して返却されていれば，その日誌を，ぜひ，いつも目に付くところに置いてください。普段，過ごす部屋の本棚に並べておくと良いと思います。そして，時々はその日誌を手に取り，内容を読み，実習を思い出してください。

　みなさんの日誌は，就職直前の今，そして就職した後にも，みなさんにとっては大切な宝物であり続けます。就職前の不安を取り除く手伝いをしてくれるでしょうし，就職後に振り返ることで，保育に行き詰まった自分を助けてくれることがあります。就職してしばらく経てば，みなさん自身が実習生の指導をすることもあるでしょう。指導する立場で日誌に何をどのように書くのか悩んだとき，みなさんの日誌はとても参考になります。

2. 新たな学習課題を設定する

1) 実習中の思いや気づきを実践する

　実習中に気づいた，あるいは考えた，「こういう知識や情報，技術を持っておきたい」という気持を思い出してください。もっと手遊びなどのレパートリーを増やしたい，もっとピアノをうまく弾きたい，もっと子どもたちと豊かにコミュニケーションが図れる術を身につけたい，もっと子どもたちが話題にしているアニメの情報を持っておきたいなど，何でも構いません。実習中に思ったこのような具体的なことは，きっとみなさんが心から欲していることなのだろうと思います。

　ぜひ，ためらうことなく，行動に移してください。養成校の先生や友だち，先輩，誰でも良いですから，自分が獲得したい知識や情報，技術について相談してください。きっと，助言をしてもらえることと思います。その際，後期の試験が近い…，誰に聞いたら良いのかわからない…，お金がない…など，言い訳をしないでください。「何かをしたい！」と思った今が，動くべき時なのです。

　就職を控えた今，自分がするべきことに一生懸命取り組んでください。早ければ早いほど，良いと思います。グズグズしていると2月や3月になり，就職先での事前研修が始まってしまいます。そうなると，いよいよ研修で毎日疲れてしまい，何かをしはじめることが億劫になってしまいます。

2) 社会の動きを知る

　保育所でも施設でも，みなさんは子どもとの関わりを中心に実習してきたと思います。しかし，もう一方で，それぞれの子どもには，保護者が存在するという事実に目を向けなければなりません。実親，義理の親，ひとり親，施設職員など，保護者の立場はさまざまですが，保護者と上手に付き合うことも，保育士にとっては大切なことです。その保護者がどんな生活をしているのか，どんな仕事をしているのか，どんな趣味や関心を持っているのか，保育士が知っておくことはとても大切です。もちろん，個人情報を保護する観点から，保育所や施設は保護者の職業などの情報を収集していないことが多いと思います。それでも，保護者との会話から，保護者についての情報を収集しようとする姿勢が必要です。それにより，保護者との会話，意思疎通が円滑になります。

　保護者が従事しているさまざまな職業について，自分から積極的に情報収集をする姿勢を持ち続けてください。そのために，毎朝，新聞やWeb上にあるニュース等を読むこと勧めます。新聞やWeb上にあるニュース等を読むことで，国内外，経済や社会，そしてスポーツに関する情報を集めることができます。好景気や不景気といった経済状況は，給料の増減や失職の可能性など，保護者の日々の生活に直接影響があります。それぞれの業界に関する知識を持っていると，保護者の仕事のしんどさに共感できるはずです。野球やサッカーなどスポーツの勝ち負けなどの情報を持っておくと，特定の球団を応援している保護者に一言，「勝ちましたね！」と伝えることができます。いずれも，保護者から「（自分のことに興味を持っている）いい先生だ」という評価を得ることにつながります。

　入所要件，待機児童対策，保育の無償化，保育中の事件や事故，保育士の処遇改善，児童虐待防止など，保育士として知っておくべき情報も，新聞にはふんだんに掲載されています。養成校に在学している間は，教員から保育に関する最新事情を教えてもらえますが，就職してからは，（職場での情報共有はあり得るにしても）基本的には自分で情報を集めなければなりません。「知らなかった」では済まされない状況もあり得るのです。

Special Lesson 5

「保育実習Ⅲを効果的に振り返る」

児童養護施設救世軍世光寮　家庭支援専門相談員

髙山 由美子

　実習を終えた今，どんな気持ちでしょうか。ホッとしていますか？　それとも，寂しい気持ちですか？

　「とても楽しかった」という人もいれば，「辛くて仕方がなかった」という人もいると思います。現場の職員としては，「楽しかった」と感じ，さらに職業としての児童養護施設に興味を持っていただけていると嬉しいです。しかし，「家事ばかりやらされ」，「何も教えてくれなくて」，「子どもとうまく関われなかった」など，実習先の施設からいじめられたように思っている人もいるかもしれません。ここでは，〈保育実習Ⅲを振り返る〉ことについて，どう振り返れば実習後の学習に活かすことができるかについて述べたいと思います。

評価結果をどう見るか

　保育実習Ⅰ（施設）ないしⅢを終え，施設から送られてきた評価を見てみましょう。見るべきところは，評価の高かった項目と低かった項目です。その内容が自分にとって納得のいくものかを考えてみましょう（よくわからないときは養成校の先生に相談してみてもよいでしょう）。自分自身の自己評価とは差がありましたか？　自己評価って難しい…と感じた人は，自分の長所や短所について考えてみるとよいでしょう。自分が得意なことは実習に活かすことができましたか？　「得意だと思っていたけれどうまくいかなかった」，「苦手だと思っていたことがうまくいった」，など気がつくことがあるかもしれません。自分の傾向を知り，自覚することは大切です。保育士という専門職を目指す自分自身を，実習でどのように活用できたかを考えてみましょう（自己覚知）。もし，評価が低いからといっても落ち込む必要はありません。そこが実習後に取り組むべき学習のテーマとなります。備考欄にその理由が書かれている場合は，より課題が明確になるでしょう。

保育実習の総括（ソーシャルワーク施設での保育実習）

　近年，虐待[*1]による事件がニュースになることが増えています。2017（平成29）年度中の児童相談所における虐待対応相談件数は 133,778 件と過去最高となりました[*2]。統計を取り始

めた 1990 年から 27 年連続で最高値を更新し続けています。児童相談所が関わりながらも虐待による子どもの死を防ぐ事ができなかった事件[3]が大きく報道されているので，みなさんもよくご存知のことと思います。子どもたちが施設に入所する理由はさまざまですが，なかでも「虐待」を理由に入所している子どもは全体の約6割[4]といわれています。

　保育所や幼稚園の実習でも，それぞれの家庭で虐待の懸念がないか観察するなど，子どもだけではなく，親への支援の視点とその重要性についても学んだことと思います。子どもは本来，地域の中で育ちます。家族が課題を抱え，地域の支援だけでは支えていけなくなると，親子の分離を行い，子どもは児童養護施設で生活することになります。児童養護施設の実習では，重篤な虐待の事例を目の当たりにしたのではないでしょうか。保育園や幼稚園での親子支援と，児童養護施設での家庭支援（Family social work）は別のものではなく，児童福祉分野の中で連続したものであることを再度確認してみましょう。

　児童養護施設では，保育所や幼稚園などの「先生」とは違い，掃除・洗濯・アイロン・買い物・食事の準備などを行います。家事だけでなく，褒め・叱り・勉強を教え・一緒に遊ぶなどの日常の生活そのものが大切な仕事となっています。営まれている「生活」は一般の家庭と大きく違うものではありません。職員は，保育士，社会福祉士，児童指導員，教員，心理士などの資格を持ち，さまざまな専門性をもとにチームとなって子どもを支援していきます。その支援は個人的な家庭経験ではなく，専門的な知識や技術に基づいた支援でなくてはならないでしょう。児童養護施設では，課題を抱えた子どもたちを支援するために，それぞれのケースをアセスメントし，「支援計画」をたてるなどのソーシャルワークの支援過程に基づいた支援が行われています。保育士は現場で働く職員の多くを占めている重要な存在です。その意味で，児童養護施設は社会福祉施設であることを実習の中でどう学ぶことができたかも評価のポイントとなるでしょう。

自己課題の明確化のために（自己評価を深めていくためのポイント）

　社会福祉施設での保育実習の評価ポイントとはなんでしょうか。児童養護施設の現場では，子どもたちに手をかけること（丁寧なケア）が求められています。では，「丁寧なケア」とは何でしょうか。そして，なぜそれが必要なのでしょうか。「丁寧なケア」とは，日々の生活を丁寧に支援していくことです。育ちに「手をかける」ことが大切なのはいうまでもありませんが，その根底にあるべきなのは，家族からの分離を余儀なくされた子どもの想い，また，子どもを分離された親の思いを理解しようと努めることにあるといえるでしょう。

　虐待を受けた子どもたちの多くは複雑な課題を抱えています。虐待は子どもたちにアタッチメント[5]とトラウマという課題をもたらすといわれています。そのため，現場の支援では，この2つへのアプローチが重要と考えられています。虐待は他にも多動や発達障害のような行動特性をもたらします。おそらく，実習前の事前学習でそれらの知識につい学び，実習に臨まれた

ことと思います。実際に実習をしてみて，それらの課題（発達障害や虐待のトラウマなど）を抱えざるを得なかった子どもたちの背景をどの程度理解することができましたか。

　みなさんは，養成校で「保育士」の専門性について学びを深めてこられたと思います。保育士として施設の子どもたちにどんな支援を実践できましたか。教育・保育要領が改訂され，保育士は子どもの「知識及び技能（の基礎）」，「思考力，判断力，表現力等（の基礎）」，「学びに向う力，人間性」の３つの資質・能力を保育の５領域「健康」「人間関係」「環境」「言語」「表現」に基づく遊びを中心とした活動全体を通じて育んでいくことを目指していきます。そのため，実習ではただ感情的，情緒的に「手をかける」のではなく，保育士の専門職としての支援のツールを活用する必要があります。それは子どもたちを喜ばせるピアノの演奏かもしれないですし，子どもたちがわくわくするような本の読み聞かせかもしれません。一緒に絵をかいたり，手遊びをしたりする遊びの展開かもしれません。「丁寧なケア」を実践する中で，そのツールを実習生自身のパフォーマンスの中で見出すことが出来ていたかどうか，その考察が出来ていることが重要だといえるでしょう。

　以上に述べてきたポイントを参考に実習後の新たな学習課題を発見してみてください。子どもたちの生活の営みの場に入った経験が，実習生のみなさんの良い成長の一助になることを願っています。

脚注

＊１　警察が 2018 年１年間で「事件」として摘発した件数は過去最高の 1380 件でした。

＊２　厚生労働省報告書　https://www.mhlw.go.jp/stf/houdou/0000173365_00001.html
　　　統計データ（グラフ）：http://www.orangeribbon.jp/about/child/data.php

＊３　目黒区で虐待により５歳の女の子が亡くなった事件（2018（平成 30）年３月），千葉県野田市で小学校４年生の女の子が亡くなった事件（2019 年１月）。北海道で２歳の女の子が衰弱死した事件（2019 年６月）。

＊４　児童養護施設入所児童等調査結果（平成 25 年２月１日）
　　　入所後に子どもたちから聞き取りを行う中で，虐待を受けていたことが判明する子どももいるため，施設で生活する子どもの約７割は虐待を受けているといわれています。

＊５　アタッチメントは「愛着」ともいい，他者への基本的信頼感を育むもので，この基本的信頼感がないと他者との関係性の構築に困難が生じます。これらの課題に「生活」を通して取り組んでいくことも児童養護施設の重要な仕事です。

Part 5

実習を支える取り組み

知的障害者施設　作業所

Lesson 38 評価票のこと

　効果的な実習を実施するためには，実習の目的や課題を明確にし，それにも基づいて実施した実習の内容を評価し，その評価を基に実習を振り返り次の課題を発見していく必要があります。ここでは，実習を評価するためのツールとしての評価票について考えていきます。

1. 評価票の意義

　評価票を作成することは以下の三つの意義があるといえます。
　第1　保育士養成校における，保育士資格を取得するための実習の目標や課題を明示し，それを基盤とした実習に含まれる内容を具体化することができます。これによって，保育士養成校では，保育士という専門的資格を取得する者を養成するために，実習の中でどのような知識・技術の習得や態度，判断を求められるかを具体化することができるとともに，保育実習指導の中で，何を指導すべきかも明確にすることができます。実習の評価票の多くは，各養成校で独自に作成されていますが，評価項目としては「指定保育士養成施設の指定及び運営の基準について」を基盤としており，そこに示されている項目には当該養成校で育てたい保育士像であるとともに，全国で共通理解される保育士の姿が投影されているといえます。
　第2　保育士養成校，保育現場の実習に対する課題を共有化することができる。評価票を基に，実習を行う施設では，具体的な実習中の活動内容を決定して，実習生を評価していくことになります。このとき，養成校と実習現場で期待する実習生の姿が異なっていれば，効果的な保育実習を実施することはできません。評価票は養成校で育てたい保育士像を項目化したものといえますが，その項目を基に実習を行う施設では，実習生が当該実習で保育士としてどのような知識や技術，態度等を修得することを期待されているかを共有化し，実習中の活動内容や実習における指導内容を考慮していくことになります。
　第3　実習生自身の実習対する課題を明確化するとともに，振り返りと自己評価につながる。実習生自身が評価票の評価項目を理解しておくことで，実習の事前・事後の指導の内容や実習施設での実習内容を理解し，実習において修得すべき知識・技術，態度等とは何かを明確化し，主体的に実習に取り組むための示唆を得ることができます。また，実習途中や終了後，評価票を基に実習を振り返り自己評価することで，現時点での自身の到達レベルを客観的に知ることができるとともに，今後の自己の課題を具体化していくことができます。

2. 現場と養成校と学生をつなぐ評価票

　評価票は，実習生と保育現場，養成校の教員をつなぐものです。評価票を媒介にして，学生と養成校教員とで語り合って共通確認をしたり，養成校教員と現場の先生とで評価を媒介にして，保育士養成について共通確認をしたりすることができます。実習生に何をどこまで求めるのかが，評価票の中に示されています。

3. 評価様式の実際

　ここでは，ミニマムスタンダードで示されたものをモデルとした評価票を参考例として示します。

保育実習Ⅰ（施設）　評価票

令和元年　同文学院大学　保育科

実　習　施　設　名	施　設　長　名	実習指導担当保育士名
	㊞	㊞

実習生	学年　　　クラス	学籍番号	氏　名

実習期間	年　月　日（　）〜　　　年　月　日（　）【合計　　　日間】

勤務状況	出勤　　　日, 欠勤　　　日, 遅刻　　　回, 早退　　　回

項目	評価の内容	評価上の観点	評価（該当するものの□にチェック）			
			A	B	C	D
態度	意欲・積極性	・指導担当者からの指示を待つばかりでなく，自分から行動している。 ・積極的に子ども・利用者と関わろうとしている。　　など	□	□	□	□
	責任感	・十分な時間的余裕持って勤務開始できるようにしている。 ・報告・連絡・相談を必要に応じて適切に行っている。　　など	□	□	□	□
	探究心	・日々の取り組みの中で，適切な援助の方法を理解しようとしている。 ・日々の取り組みの中で，自己課題を持って実習に臨んでいる。　　など	□	□	□	□
	協調性	・自分勝手な判断に陥らないように努めている。 ・判断に迷うときには，指導担当者に助言を求めている。　　など	□	□	□	□
知識・技術	施設の役割と機能	・施設における子ども・利用者の生活と保育士の援助や関わりについて理解できている。	□	□	□	□
		・施設の役割と機能について具体的な実践を通して理解できている。	□	□	□	□
	子ども・利用者理解	・子ども・利用者との関わりを通した観察と記録作成ができている。	□	□	□	□
		・子ども・利用者の個々の状態に応じた具体的な援助や関わりができている。	□	□	□	□
	施設における子どもの生活と環境	・計画に基づいた活動や援助ができている。	□	□	□	□
		・子ども・利用者の心身の状態に応じた対応ができている。	□	□	□	□
		・子ども・利用者の活動と生活の環境について理解できている。	□	□	□	□
		・実際の子ども・利用者の健康管理や安全対策について理解できている。	□	□	□	□
	計画と記録	・実際の支援計画について理解できている。	□	□	□	□
		・記録に基づく省察と自己評価ができている。	□	□	□	□
	専門職としての保育士の役割と職業倫理	・専門職としての保育士の業務内容について具体的に理解できている。	□	□	□	□
		・職員間の役割分担や連携について具体的に理解できている。	□	□	□	□
		・専門職としての保育士の役割と職業倫理について具体的に理解できている。	□	□	□	□

総合所見		総合評価 （該当するものに○）	実習生として A：非常に優れている B：優れている C：適切である D：努力を要する ※大学側評価欄 実習指導者氏名 印

訪問指導のこと

　「保育実習実施基準」には，「指定保育士養成施設の実習指導者は，実習期間中に少なくとも1回以上実習施設を訪問して学生を指導すること」と示されています。原則として訪問指導は実習中盤に行われ，実習生は養成校の訪問指導教員に中間報告や質問・相談を行い，教員から励ましや助言・指導を受けます。訪問指導を受けることによって，明確な目標や自己課題を持ち，新たな気持ちで後半の実習に臨むことができるでしょう。また，訪問指導は実習施設と養成校が実習生の現状と課題などについて共有し，今後の実習内容について検討する場でもあります。

1. 訪問指導の意義

1) 実習生における意義

　実習生にとっての施設実習期間中の訪問指導の意義として，次の7つをあげることができます。

①不安や緊張がほぐされて，安心感とやる気につながる機会となる。
②喜びや手応えを感じている内容を明確化し，実習生自身の保育に対する姿勢や価値観の明確化につなげる機会となる。
③戸惑いや不安の原因や内容を明確化し，実習生自身の保育に対する姿勢や価値観の明確化につなげる機会となる。
④実習の目標やそこへの達成状況を点検して，必要な修正と適切な方法の再確認の機会となる。
⑤実習施設側との対話による実習内容調整の機会となる。
⑥実習上の具体的な指導を受ける機会となる。
⑦実習遂行上の事務的学内ルールを確認する機会となる。

2) 養成校および訪問指導者における意義

　養成校および訪問指導者にとっての訪問指導の意義として，次の4点があげられます。

①学生との面談や観察によって実習状況を把握する機会となる。
②実習期間中の面談や実習日誌等の資料を基に，実習施設の実習指導者ならびに指導担当職員と連携して，より有意義な実習となれるよう必要に応じた指導の機会となる。
③実習施設の実習指導者ならびに指導担当職員と懇談会を通して，実習施設についての情報収集（実習指導体制，保育内容・方法など）ならびに養成校の教育・実習目標や方法の説明など諸事項の協議を行い，方法や養成について実習施設と連携を図る機会となる。
④養成校における実習開始までの事前指導内容を，実習施設の実習指導者ならびに指導担当職員に正確に伝えて，実習指導において協議する機会とする。

3) 実習施設側における意義

　実習指導者ならびに指導担当職員にとっての訪問指導の意義として，次の5点があげられます。

①学生にとってより有意義な実習となるよう養成校との連携・協働による指導の機会となる。
②実習開始以前の養成校における指導内容を正確に知る機会となり，養成校との連携・協働を充実させる機会となる。

③学生についての理解を深めるための情報を得る機会となる。
④養成校の教育・実習目標について確認や実習施設についての情報提供，個人情報に関する配慮等，その他諸事項の協議を行って，実習や養成について養成校と連携を図る機会となる。
⑤保育士等のキャリアパスにおける実習指導の位置づけを認識し，その指導力の育成を図る機会となる。

2. 訪問指導の内容

　訪問指導の際における実習生に対する指導の内容として，①学生の様子の把握と指導・助言，②実習状況の確認と調整，③利用児／者との関係の確認と指導，④実習施設の実習指導者（あるいは指導担当職員）を含めた全職員との関係確認と調整の4点があげられます。

　実習生は実習開始前に訪問指導教員に挨拶に伺い，実習施設，実習日程，実習内容・スケジュール，実習目標などを伝え，実習に関して不安な点があれば伝えておきましょう。そして実習中に指導を受ける際には，体調，実習内容などについて報告し，さらに実習に関する質問や疑問，実習の中で生じた戸惑いや不安，利用児／者や施設職員との関わりの悩みなどがあれば必ず相談し，助言・指導を受けてください。就職後に，職場内において上司や同僚に適切に報告・連絡し，必要に応じて相談することは，社会人の基本スキルであり，これらを実践し学ぶ機会だと捉えましょう。

　なお，実習指導担当者との連絡・調整・協議に関する内容としては，①実習施設の実習指導者（あるいは指導担当職員）への連絡・依頼内容，②養成校の教育方針や方法と実習施設の実習指導プログラムや方法との調整があげられます。

Lesson 39

3. 訪問指導時に使用する資料

　実習生や施設が作成したさまざまな記録は，実習の現状や課題を把握するための重要な資料となります。

　実習生は訪問指導時には，以下の①～⑤の資料を訪問指導教員に示し，実習内容や実習課題の遂行状況などを説明し，助言や指導を受けます。これにより，実習後半に向けた動機づけや軌道修正がなされ，後半の実習はより有意義なものになるでしょう。

　実習訪問時に使用する資料としてあげられるのは，①学生の実習施設オリエンテーション報告書，②実習日誌，③学生の実習課題（養成校における実習の共通課題と個々の学生の個別の課題），④学生の作成した指導計画案（援助計画案），⑤実習施設が作成した実習期間中の実習指導プログラムおよびその他の資料となります。

参考文献
・全国保育士養成協議会『保育実習指導のミニマムスタンダード Ver.2』中央法規出版，2018
・相浦雅子，那須信樹，原孝成編『STEP UP! ワークシートで学ぶ保育所実習1・2・3』同文書院，2014

ワーク
・実習開始前に訪問指導教員に挨拶に伺い，実習生個人票などを提出し，実習施設，日程，実習内容・スケジュール，実習目標などを伝え，実習に関して不安な点があれば伝えておきましょう。

「もしも…」のときに備える

実習中，どんなに注意をしていても予期せぬトラブルは起きてしまうものです。そんなときに慌てず対応できるように，「もしも…」のときにどうすれば良いのか事前に備えておくことが大切です。ここでは，「もしも…」に対応するための確認事項や心がまえについて考えていきたいと思います。

1．もしも，通勤途中に事故にあったら…

事故の場合，当事者だけで解決するのではなく，被害者であっても，加害者であっても，まずは警察へ連絡をしましょう。その後，可能な限り早く実習施設と養成校へ事故にあったことを連絡し，場合によっては，実習ができないこともあるので，その旨をしっかり相談しましょう。また，学生教育研究災害障害保険など各養成校で加入している保険もあるので，通勤中の保険について確認しておくことが大切です。

2．もしも，施設内でけがをしたら…

まずは養成校の「実習指導者」へ相談しましょう。けがの程度に応じた処置をし，必要な場合は病院を受診しましょう。実習中のけがについては，保険によって治療費の一部が保障されるので，必ず養成校へ報告するようにしてください。

3．もしも，施設の備品を壊したら…

養成校の「実習指導者」，もしくは施設の「実習指導者」へ速やかに報告をしましょう。「このぐらいは大丈夫だろう」などと，決して自分で判断せずに，どんなに小さな備品でも必ず報告をしましょう。また，実習園のご厚意により，弁償の必要がなかったとしても必ず養成校の「実習指導者」へ報告をすることも大切です。

4．もしも，利用児／者にけがをさせてしまったら…

これについても，必ず養成校の「実習指導者」，もしくは施設の「実習指導者」へ速やかに報告をしましょう。けがの程度に応じて，施設から保護者へ説明することもあるので，可能な限り，けがをさせてしまった状況について報告することが大切です。子どもの治療費については，賠償責任保険によって補償されます。保険によって，補償内容が異なるので，養成校の「実習指導者」へ事前に確認しておきましょう。

以上のことから，これらの「もしも…」に対応するためにも保険への加入が重要となります。養成校によって加入している保険が異なるので，事前にどの保険に加入しているのか，どこまで補償してくれるのか，確認しておくことが大切です。保険は，まさしく「もしも…」のためのものとなります。

実習保険の例として，全国保育士養成協議会の「全国保育士養成協議会実習総合補償制度」があります。自分がけがをした場合の傷害保険と，子どもにけがをさせたり，実習施設の備品を破損させたりした場合の賠償責任保険があり，実習中のほとんどの事故を補償してくれます。

5．もしも，具合が悪くなったら…

　普段とは違う環境の中で実習をしていると，十分に体調管理に気をつけていても具合が悪くなってしまうこともあるでしょう。例えば，朝起きていつもより熱が高かった場合「自分は大丈夫」と思っていても，利用児／者にうつしてしまう可能性もあります。感染症の疑いもあるので，必ず養成校の「実習指導者」へ相談をしましょう。病院での受診後，診断結果を実習施設や養成校へ必ず報告をしましょう。また，冬期に実習に行く場合は，インフルエンザなどの各種予防接種を受けておくことを勧めます。

6．もしも，利用児／者から「職員には秘密」と言われたら…

　施設実習中に，利用児／者から，「職員には秘密だけどね…」と話しかけられたら，たとえそれがどのような話や情報（例えば，携帯電話番号，メールアドレス，SNSなどのアカウント名，家族の住所，親のことなどの個人的な情報を含む）であっても，秘密にはできないと伝えてください。そのような話をしはじめようとする利用児／者に，「職員にはすべて報告するようにと，大学（短大・専門学校）の先生に言われている」などのメッセージを告げてください。

　利用児／者は，実習生が「秘密」にしてくれないからといって，実習生のことが嫌いになることは，ありません。むしろ，ダメなことはダメと，しっかり自分に言ってくれる大人と理解して，（時間はかかるかもしれませんが）信頼してくれるようになるでしょう。

7．もしも，住所を聞かれたら…

　施設の利用児／者から，「住所（電話番号，SNSのアカウント，メールアドレスなど，実習生の名前や所属大学等以外の個人情報）を教えて。」と言われたら，「教えることはできない。大学（短大，専門学校）の先生から，教えてはいけないと言われている。」というメッセージを告げてください。

　「施設の先生よりも優しいから，これからも連絡を取り続けたい。」や，「これまでの実習の先生は連絡先を教えてくれたのに，先生（お兄さん，お姉さん）は教えてくれないの？」とまで言われてしまうと，つい，自分の住所などを教えてしまいたくなるかもしれません。その場面でも，ぐっと我慢してください。

　実習生の立場で，利用児／者と個人的にやり取りをすることは，実習上のルール違反となります。実習生は，あくまで10日間の実習期間だけ，利用児／者と関わります。その前後に関わることはありません。みなさんが実習後も利用児／者と関わり続けたいと思っても，その利用児／者の行動や気持の変化に対する責任を持つことはできません。決して，自分勝手な行動はしないでください。

　それでも，実習後も施設の利用児／者と連絡を取り続けたいと思うならば，そのことを，施設の職員に相談してください。職員の承諾を得た上で，施設宛てに手紙を書き，大学等宛てに手紙を書いてもらうようにしてください。みなさんと利用児／者とのやり取りを，施設の職員がちゃんと把握できる体制にしてほしいのです。そして，利用児／者から手紙が来なくなるまで，あるいは，自分が大学を卒業するまで，必ず手紙のやり取りをしてください。実習中（後）の，一時的な感情の高ぶりのときだけ手紙のやり取りをするというのは，単なる自己満足であり，無責任な行為です。

・実習中に起こりうるトラブルについて，どのようなことがあるか友だちと出し合い，その予防策と対応について考えてみましょう。

・長い髪は切るか束ねる
（アクセサリーはつけない）

・爪を切り時計を外す
（手洗いの徹底）

・マニキュアはしない
（手の指だけでなく素足に
なることもあるため
足の指にもぬらない）

・トレーニングウェア（規定の服装）
（アイロンをかけたエプロン）

・ハンカチ・ポケットティッシュ
（子どもの鼻水にも活用）

・運動靴・上靴
（ひもなしが着脱しやすい）

安全・衛生を考えた服装・見だしなみ（例）

知的障害者施設　作業所

memo

Lesson 41　使い方に気をつけたい表現

1．文書作成上の基本的な注意点・間違えやすい表現

　まずは一般的な文書の作成において必要とされる，基本的な注意点を確認しましょう。また，一般によく見られる誤った表現についても見ていきましょう。

1）丁寧な文字で書く

　美しい文字は書けなくとも，丁寧な文字は時間をかければ必ず書けます。指導担当者に「見ていただく」「評価していただく」ことを意識し，労力を惜しまず最善を尽くしましょう。

2）漢字を使用する

　ひらがなばかりを使用せず，平易な漢字は積極的に使用しましょう。

3）誤字・脱字・送り仮名の誤りに注意する

　誤字や脱字のないよう，調べて書きましょう。よく見られる誤字として「以外に感じた」（▶正しくは「意外に感じた」），「朝速く（▶正しくは「朝早く」），などがあります。また，「一人づつ」（▶正しくは「一人ずつ」），「○○とゆうこと」（▶正しくは「○○ということ」）などのひらがなの誤字にも注意が必要です。さらに，「接っする」（▶正しくは「接する」），「決っして」（▶正しくは「決して」），「子どもの話しを聞く」（▶正しくは「子どもの話を聞く」），「話ているときの表情」（▶正しくは「話しているときの表情」）（名詞の「話」には送り仮名の「し」は必要なく，動詞の「話す」の連用形「話し」の場合は送り仮名の「し」が必要）などの送り仮名の誤りにも注意しましょう。

4）文法的誤りに注意する

　よく見られる文法的誤りに，「たり」の誤用があります。例えば「子どもと鬼ごっこをしたり，かくれんぼをする」といったものです。正しくは「子どもと鬼ごっこをしたりかくれんぼをしたりする」というように，「たり」を繰り返すのが正しい用法とされています。他にも「全然簡単だった」（▶正しくは「全然難しくなかった」）のように，「全然」に肯定表現を連ねる誤用もよく目にします。現代の日本語においては「全然」の後に否定表現を用いることが正しい用法とされています。

　また，「主述のねじれ」と呼ばれる誤用にも注意しましょう。例えば「私の夢は，児童養護施設に就職して，子ども一人ひとりの成長を支えたいです」という文の場合，正しくは「私の夢は，児童養護施設に就職し，子ども一人ひとりの成長を支えることです」あるいは「私は，児童養護施設に就職して，子ども一人ひとりの成長を支えたいです」としなくてはなりません。文を書き連ねていくうちに主語が何であったかを忘れてしまうことで起こる誤りです。

5）話し言葉・若者言葉・方言を使用しない

　例えば「○○してる」（▶正しくは「○○している」），「○○なんだなあと思った」（▶正しくは「○○なのだと思った」）などの話し言葉は用いません。また，「かぶる」（▶正しくは「重なる」「重複する」），「違くて」（▶正しくは「違い」「異なり」）などの若者言葉や方言も不適切です。

2．使い方に気をつけたい表現

　次に，日誌・指導案の作成において使い方に気をつけたい表現について確認しましょう。なお，施設種によっては児童はもちろん，成人した入所者が対象となります。その点にも留意し，表現には細

心の注意を払いましょう。

1) 曖昧な表現でなく具体的かつ詳細な表現を心がける

6W1H（「When（いつ）」「Where（どこで）」「Who（誰が）」「Whom（誰に）」「What（何を）」「Why（なぜ）」したのか）を意識し，具体的かつ詳細な表現を心がけましょう。また，「しっかり」（例：「話をしっかり聞く」），「きちんと」（例：「きちんとした姿勢」），「ちゃんと」（例：「ボタンをちゃんと留める」），「よく」（「よく噛んで食べる」），「気をつけて○○する」（例：「気をつけて食事介助をする」）などの表現も曖昧で具体性に欠けるため，日誌や指導案の記述，さらには対象者への言葉かけにも適しません。

2) 直接話法でなく間接話法を用いる

直接話法とは，鉤括弧を用いて発言内容をそのまま示す表現様式であり，間接話法とは，鉤括弧は用いず，発言内容を整理して示す表現様式です。例えば食事の際の指導について日誌に記す際，「保育士の援助・配慮」として，次の2通りの記述が考えられます。

・「よく噛んで食べましょう」と伝える
・よく噛んで食べるよう伝える

前者は直接話法によるものであり，後者が間接話法によるものです。実習先の方針にもよりますが，基本的には間接話法で表現しましょう。

3) 否定的表現は避け，肯定的表現を心がける

例えば「落ち着きがなく騒いでいる子どもがいる」「保育者が手伝わないと一人では着替えられない対象者には手を貸し，援助する」などといった記述は，対象者に対して過度に批評的であり，望ましくありません。対象者の一人ひとりの人格を尊重した表現となるよう，注意しましょう。また，対象者に対する言葉かけにおいても，例えば「たくさん食べないと大きくなれないよ」などといった否定的な表現よりも「たくさん食べて大きくなろうね」などの肯定的表現の方が適切です。

4) 保育者主体ではなく対象者主体の表現を心がける

保育とは，保育者が対象者に活動を「させる」ものではなく，対象者自らが主体的に活動「する」ものであり，保育士は，その活動がより充実するよう，環境を構成し，必要に応じて的確に援助・配慮を行います。日誌・指導案の記述に際しては，このことを重々意識し，表現に注意しなくてはなりません。例えば「対象者を静かにさせる」「対象者が食べてくれない」などといった表現は望ましくありません。

参考文献
・長島和代編著『これだけは知っておきたい　わかる・書ける・使える　保育の基本用語』わかば社，2013
・横井一之，吉弘淳一編著『子どもと保護者への効果的な「声かけ・応答」』金芳堂，2008

主な関連授業
・保育実習指導Ⅰ，保育実習指導Ⅱ又はⅢ

ワーク
・日頃の自身の言葉遣いを振り返り，改善点を整理しましょう。

Lesson 41

Special Lesson 6

「多様化する保育ニーズに応えられる人材へ期待」

知的障害者生活支援施設レインボーハウス明石　施設長

小林 哲

施設の特徴と保育実習生の存在

　私が所属している障害者支援施設は，主に知的障害のある方（以下，「利用者」）が生活や活動をしているところです。障害の特性もさまざまですが，多くの方が意思疎通をとることを苦手としています。物の位置や状態，毎日着る洋服にこだわりを持つ者もいれば，騒がしい音が苦手で耳に手で栓をしながら静かな場所へ移動する者，音楽が鳴ればすぐに音楽に合わせて踊り，盛り上がる者もいます。

　職員は，彼らの特性に配慮しながら，生活や活動を支援していきます。特に共同生活の場となると，一人ひとりの個性を尊重しつつも，ルールや規則正しい生活を意識してもらうように，叱咤激励することも支援の一つとなります。

　社会との関わりがないわけではありませんが，施設の中で過ごすことが多い彼らは，社会との接点が少ないのが現状です。

　そのような中で，施設に来る保育実習の学生は，利用者にとって優しい先生のような存在です。多くの利用者が，実習生に近寄り喜んで受け入れます。そのようなウェルカムな雰囲気の中で，実習生が見せる笑顔や親身に話を聞いてくれる姿勢が，さらに和やかな雰囲気を作っていきます。

　利用者にとって施設はホームグランドであり，実習生に教えたい，お世話をしたい思いでいっぱいになります。実習生が利用者の親切さに応えて，「ありがとうございます」とお礼を言うならば，ますますお互いの距離は近くなっていきます。実習生もこの実習は上手くやっていけそうだと，感じ始めるかもしれません。

実習生が突き当たる壁

　少し実習に慣れてきた頃に，利用者を支援する役割が与えられるようになることもあります。今までの調子で接すれば上手くいくはずと思っていた矢先，あれだけ打ち解けていたと思っていた利用者との関係性が急に通用しなくなることもあります。ここから求められているのが，利用者との信頼関係作りです。自分の思いを分かってほしい利用者側と，どうして話を聞いてくれな

いのだろうと悩みだす実習生側の探りあいが続きます。これは，新任の職員と利用者の間にもよく見られる光景です。

　そこで実習生は，職員の利用者への接し方のマネをしてみたり，職員にどうすれば利用者に分かってもらえるか質問してみたりしながら，利用者に受け入れてもらおうとあの手この手とアプローチをかけます。このような葛藤の場面で感心するのが，保育実習の学生のアプローチです。上手に利用者の興味を汲み取り，音楽や小物を活用しながら利用者の意欲を引き出してくれるのです。おそらく保育士に必要とされる知識・技術は，知的障害のある方にとって意思疎通を引き出す要素がたくさん詰まっているのではないでしょうか。

　しかしながら，このように順調に進まないことも少なからず見られます。例えば，利用者との関わりが消極的なために実習の途中で職員からの指導を受けて，そこから急に利用者との関わりを増やしていこうと試みることになります。しかし，残念ながらすでに利用者は実習生の内側から醸し出される言動に気持ちを閉ざしてしまっている場合が少なくはありません。

　このような状況に陥りやすい実習生に共通しているのが，挨拶や質問を苦手としていることです。利用者との距離を縮めることができずに実習の終盤を迎えてしまうのです。

　私たち職員も障害のある方と接することをとおして，支援者として未熟なところに日々気づかされます。それは，保育士として，子どもの立場に立って理解する基本姿勢にもつながるものだと思います。

実習で得られる「気づき力」

　将来，みなさんが現場で活躍される中で，発達に困りごとを抱えている親子に関わることがあると思います。10日ほどの実習での経験が現場ですぐに活かせるわけではありませんが，意思疎通を苦手としている知的障害のある方々とコミュニケーションを取ることができた，または取ろうとした経験がいろいろな局面で課題解決のエネルギーとなるはずです。文献を読んでみただけ，支援の様子を見ただけの方と，実際に関わった方との経験の違いは，その先のみなさんの成長に大きく左右するであろう「気づき力」を伸ばしてくれることになるでしょう。

　みなさんの元気な挨拶と笑顔が利用者に安心感を与えたこと，率先して利用者と関わり，補助的な仕事も献身的に取り組む姿勢が職員からの信頼を得るきっかけになったこと，そして，利用者との関わりに躓いたときに職員へ質問して状況を打開してきたこと，このようなことが，将来，現場で求められる，他の関係機関との連携力や，困りごとを抱えている親子に対するチーム支援の実践力につながっていくのではないかと思います。

巻末資料

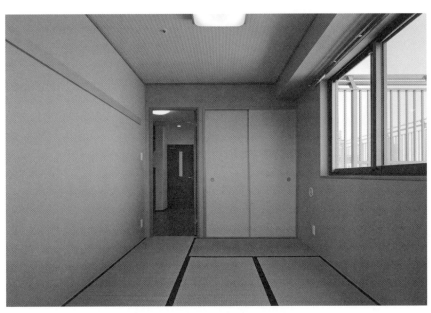

母子生活支援施設　和室

ミニマムスタンダード実習指導計画

「事前指導」の実習指導計画

	大項目	小項目
1	実習の意義・目的・内容を理解する。	保育士養成課程における「保育実習Ⅰ」の位置づけを学び，その意義・目的を理解する。
		「保育実習Ⅰ」の具体的内容を把握し，実習計画全体を理解する。
2	実習の方法を理解する。	実習の段階を学び，その具体的内容と実習の方法を理解する。
		保育士の職務を理解し，その役割について理解する。
		子ども（利用者）理解の方法を学ぶ。
3	実習の心構えについて理解する。	個人のプライバシーの保護と守秘義務の主旨を学び，理解する。
		個人情報の保護に関する法律の主旨を理解する。
		子ども（利用者）の人権尊重について学び，理解する。
		実習生としてふさわしい服装や言葉遣いについて確認する。
		社会人として必要な挨拶や時間厳守の意味を理解する。
4	実習課題を明確にする。	実習において自らの達成すべき課題を明らかにする。
5	実習記録の意義・方法を理解する。	記録を取ることの意義を考える。
		実習記録の具体的内容を確認し，その記録方法を学ぶ。
6	保育計画（保育課程），指導計画を理解する。	保育計画（保育課程）・指導計画，援助計画の意義を学び，保育の計画について理解する。
		指導・援助計画を立案するために必要な知識を習得する。
7	実習施設を理解する。	事前の保育所・施設見学，またはビデオや講演等を通じて，実習施設を理解する。
		様々な種別の児童福祉施設に関心を持つ。
		事前訪問を実施し，実習施設におけるオリエンテーションに参加する。
		事前訪問の結果・成果について確認し，報告する。
8	実習に関する事務手続きについて把握する。	履歴書（個人票）など実習に必要な書類を作成する。
		検便（腸内細菌検査）・健康診断等の手続きをする。
		実習保険に入る意義，緊急時の連絡方法を理解する。
9	実習直前の指導を受ける。	欠席や遅刻・早退の連絡方法を教わる。
		評価票の内容について把握する。
		教員の訪問指導の意義やその内容を学ぶ。
		実習指導者と訪問指導者が異なる場合，学生は訪問指導者との打ち合わせを事前に行う。

「事後指導」の実習指導計画

	大項目	小項目
1	実習内容を確認する。	実習の具体的な内容について報告する。
		課題の達成状況について報告する。
		実習中に印象に残ったできごと・体験を整理する。
		実習中のトラブルや深刻な悩みについて個別に相談し，助言を受ける。
		実習体験を報告しあい，互いの問題点を話し合う。
2	実習施設からの評価を知る。	実習施設からの評価を教員を通じて知る。
		自己評価を行い，評価の"ずれ"を検討する。
3	今後の方向性を明確化する。	保育実習Ⅱ，保育実習Ⅲへの課題を明確にする。
		今後の学習課題を明確にする。

「保育実習Ⅰ（保育所）」の実習指導計画

	大項目	小項目
1	実習施設について理解を深める。	実習する保育所の概要を理解する。
		実習する保育所の設立理念と保育の目標を理解する。
2	保育所の状況や一日の流れを理解し，参加する。	保育所の生活に主体的に参加し，一日の流れを理解する。
		保育に参加し，保育所の状況を理解する。
3	乳幼児の発達を理解する。	観察やかかわりを通して，乳幼児の遊びや生活の実態を理解する。
		積極的に遊びの仲間に加わり，かかわりを通して，乳幼児の発達を理解する。
4	保育計画・指導計画を理解する。	保育計画の意義を理解し，保育の実態を学ぶ。
		保育計画に基づく指導計画のあり方を学ぶ。
		部分実習などにおける指導計画の立案を試みる。
5	保育技術を習得する。	保育の実際を通して，保育技術を学ぶ。
		保育の一部を実際に担当し，子どもの援助・指導を行う。
6	職員間の役割分担とチームワークについて理解する。	職員の役割分担を理解する。
		保育士のチームワークの具体的な姿について学ぶ。
7	家庭・地域社会との連携について理解する。	保育所と家庭との連絡ノートやおたより等の実際に触れ，その役割について理解する。
		登所，降所の際の保育士と保護者とのかかわりを通して，家庭とのコミュニケーションのとり方を学ぶ。
		地域における子育て支援事業の実態について理解する。
8	子どもの最善の利益を具体化する方法について学ぶ。	日常の保育士と子どもとのかかわりを通して，子どもにとってよりよい生活やかかわりのあり方を学ぶ。
		子どもの最善の利益を追求する保育所全体の取り組みについて学ぶ。
9	保育士の倫理観を具体的に学ぶ。	守秘義務が具体的にどのように遵守されているかを学ぶ。
		個人のプライバシーが，具体的にどのように保護されているかを学ぶ。
10	安全及び疾病予防への配慮について学ぶ。	保育所全体の安全に対する仕組みと個々の配慮を理解する。
		保育所全体の衛生に対する仕組みと個々の配慮を理解する。
		一人一人の子どもに対する安全の配慮を理解する。
		一人一人の子どもに対する衛生の配慮を理解する。

「保育実習Ⅱ」の実習指導計画

	大項目	小項目
1	保育全般に参加し，保育技術を習得する。	デイリープログラムを把握し，保育全般に積極的に参加する。
		保育士の職務を理解し，保育技術を習得する。
2	子どもの個人差について理解し，多様な保育ニーズへの対応方法を習得する。	子どもの個人差に応じた対応の実際を学ぶ。
		子どもの発達の違いに応じた援助の方法を習得する。
		特別な配慮を要する子どもへの理解を深め，その対応について学ぶ。
		延長保育をはじめとする多様な保育サービスを体験し，その必要性を理解する。
3	指導計画を立案し，実践する。	保育の一部分を担当する指導計画を立案し，それを実践する。
		一日の保育を担当する指導計画を立案し，それを実践する。
4	家族とのコミュニケーションの方法を，具体的に習得する。	連絡ノート，おたより等による家庭との連携を学ぶ。
		日常の保護者との対応に触れ，コミュニケーションの方法を学ぶ。
5	地域社会との連携について具体的に学ぶ。	子育て支援のニーズを理解し，地域における保育所の役割について学ぶ。
		園庭開放，一時保育等の実際に触れ，その地域の保育ニーズを理解する。
		地域の社会資源（児童相談所・小学校・図書館・医療機関等）との連携について学ぶ。
6	子どもの最善の利益への配慮を学ぶ。	保育所の理念，目標等から，その意味を理解する。
		保育士の援助の方法や対応から，その姿勢を学ぶ。
		児童虐待への防止についての対応を学ぶ。
7	保育所保育士としての職業倫理を理解する。	守秘義務の遵守について，実際的に理解する。
		保育士の具体的な職業倫理について理解する。
8	自己の課題を明確にする。	保育士に必要な資質について理解する。
		実習を総括し，実習を通して得た問題や課題を確認する。
		必要な今後の学習課題を確認する。
		課題を実現していく具体的方法を考える。

◆巻末資料[2]

厚生労働省雇用均等・児童家庭局長通知「指定保育士養成施設の指定及び運営の基準について」（抄）（令和元年9月4日一部改正子発0904第6号）

（別紙2）

保育実習実施基準

第1　保育実習の目的

　保育実習は，その習得した教科全体の知識，技能を基礎とし，これらを総合的に実践する応用能力を養うため，児童に対する理解を通じて保育の理論と実践の関係について習熟させることを目的とする。

第2　履修の方法

1　保育実習は，次表の第3欄に掲げる施設につき，同表第2欄に掲げる履修方法により行うものとする。

実習種別（第1欄）	履修方法（第2欄）		実習施設（第3欄）
	単位数	施設におけるおおむねの実習日数	
保育実習Ⅰ（必修科目）	4単位	20日	（A）
保育実習Ⅱ（選択必修科目）	2	10日	（B）
保育実習Ⅲ（選択必修科目）	2	10日	（C）

備考1　第3欄に掲げる実習施設の種別は，次によるものであること。

（A）…保育所，幼保連携型認定こども園又は児童福祉法第6条の3第10項の小規模保育事業（ただし，「家庭的保育事業等の設備及び運営に関する基準」（平成26年厚生労働省令第61号）第3章第2節に規定する小規模保育事業A型及び同基準同章第3節に規定する小規模保育B型に限る）若しくは同条第12項の事業所内保育事業であって同法第34条の15第1項の事業及び同法同条第2項の認可を受けたもの（以下「小規模保育A・B型及び事業所内保育事業」という。）及び乳児院，母子生活支援施設，障害児入所施設，児童発達支援センター，障害者支援施設，指定障害福祉サービス事業所（生活介護，自立訓練，就労移行支援又は就労継続支援を行うものに限る），児童養護施設，児童心理治療施設，児童自立支援施設，児童相談所一時保護施設又は独立行政法人国立重度知的障害者総合施設のぞみの園

（B）…保育所又は幼保連携型認定こども園或いは小規模保育A・B型及び事業所内保育事業

（C）…児童厚生施設又は児童発達支援センターその他社会福祉関係諸法令の規定に基づき設置されている施設であって保育実習を行う施設として適当と認められるもの（保育所及び幼保連携型認定こども園並びに小規模保育A・B型及び事業所内保育事業は除く。）

備考2　保育実習（必修科目）4単位の履修方法は，保育所又は幼保連携型認定こども園或いは小規模保育A・B型及び事業所内保育事業における実習2単位及び（A）に掲げる保育所又は幼保連携型認定こども園或いは小規模保育A・B型及び事業所内保育事業以外の施設における実習2単位とする。

備考3　児童福祉法（昭和22年法律第164号。以下「法」という。）第6条の3第9項に規定する家庭的保育事業又は，「家庭的保育事業等の設備及び運営に関する基準」（平成26年厚生労働省令第61号）第3章第4節に規定する小規模保育事業C型において，家庭的保育者又は補助者として，20日以上従事している又は過去に従事していたことのある場合にあっては，当該事業に従事している又は過去に従事していたことをもって，保育実習Ⅰ（必修科目）のうち保育所又は幼保連携型認定こども園或いは小規模保

育Ａ・Ｂ型及び事業所内保育事業における実習２単位，保育実習Ⅱ（選択必修科目）及び保育実習指導Ⅱ（選択必修科目）を履修したものとすることができる。

２　保育実習を行う児童福祉施設等及びその配当単位数は，指定保育士養成施設の所長が定めるものとする。

３　保育実習を行う時期は，原則として，修業年限が２年の指定保育士養成施設については第２学年の期間内とし，修業年限が３年以上の指定保育士養成施設については第３学年以降の期間内とする。

４　実習施設に１回に派遣する実習生の数は，その実習施設の規模，人的組織等の指導能力を考慮して定めるものとし，多人数にわたらないように特に留意するものとする。

５　指定保育士養成施設の所長は，毎学年度の始めに実習施設その他の関係者と協議を行い，その学年度の保育実習計画を策定するものとし，この計画において，全体の方針，実習の段階，内容，施設別の期間，時間数，学生の数，実習前後の学習に対する指導方法，実習の記録，評価の方法等を明らかにし，指定保育士養成施設と実習施設との間で共有すること。

第３　実習施設の選定等

１　指定保育士養成施設の所長は，実習施設の選定に当たっては，実習の効果が指導者の能力に負うところが大きいことから，特に施設長，保育士，その他の職員の人的組織を通じて保育についての指導能力が充実している施設のうちから選定するように努めるものとする。

特に，保育所の選定に当たっては，乳児保育，障害児保育及び一時保育等の多様な保育サービスを実施しているところで総合的な実習を行うことが望ましいことから，この点に留意すること。

また，居住型の実習施設を希望する実習生に対しては，実習施設の選定に際して，配慮を行うこと。

２　指定保育士養成施設の所長は，児童福祉施設以外の施設を実習施設として選定する場合に当たっては，保育士が実習生の指導を行う施設を選定するものとする。なお，その施設の設備に比較的余裕があること，実習生の交通条件等についても配慮するものとする。

３　指定保育士養成施設の所長は，教員のうちから実習指導者を定め，実習に関する全般的な事項を担当させ，当該実習指導者は，他の教員と連携して実習指導を一体的に行うこと。また，実習施設においては，主任保育士又はこれに準ずる者を実習指導者と定めること。

４　保育実習の実施に当たっては，保育実習の目的を達成するため，指定保育士養成施設の主たる実習指導者のみに対応を委ねることのないよう，指定保育士養成施設の主たる実習指導者は，他の教員・実習施設の主たる実習指導者等とも緊密に連携し，また，実習施設の主たる実習指導者は，当該実習施設内の他の保育士等とも緊密に連携すること。

５　指定保育士養成施設の実習指導者は，実習期間中に少なくとも１回以上実習施設を訪問して学生を指導すること。なお，これにより難い場合は，それと同等の体制を確保すること。

６　指定保育士養成施設の実習指導者は，実習期間中に，学生に指導した内容をその都度，記録すること。また，実習施設の実習指導者に対しては，毎日，実習の記録の確認及び指導内容を記述するよう依頼する等，実習を効果的に進められるよう配慮すること。

【保育実習】

<教科目名>
保育実習Ⅰ（実習・４単位：保育所実習２単位・施設実習２単位）

<目標>
１．保育所，児童福祉施設等の役割や機能を具体的に理解する。
２．観察や子どもとの関わりを通して子どもへの理解を深める。
３．既習の教科目の内容を踏まえ，子どもの保育及び保護者への支援について総合的に理解する。
４．保育の計画・観察・記録及び自己評価等について具体的に理解する。
５．保育士の業務内容や職業倫理について具体的に理解する。

<保育所実習の内容>
１．保育所の役割と機能
(1) 保育所における子どもの生活と保育士の援助や関わり
(2) 保育所保育指針に基づく保育の展開
２．子どもの理解
(1) 子どもの観察とその記録による理解
(2) 子どもの発達過程の理解
(3) 子どもへの援助や関わり
３．保育内容・保育環境
(1) 保育の計画に基づく保育内容
(2) 子どもの発達過程に応じた保育内容
(3) 子どもの生活や遊びと保育環境
(4) 子どもの健康と安全
４．保育の計画・観察・記録
(1) 全体的な計画と指導計画及び評価の理解
(2) 記録に基づく省察・自己評価
５．専門職としての保育士の役割と職業倫理
(1) 保育士の業務内容
(2) 職員間の役割分担や連携・協働
(3) 保育士の役割と職業倫理

<児童福祉施設等（保育所以外）における実習の内容>
１．施設の役割と機能
(1) 施設における子どもの生活と保育士の援助や関わり
(2) 施設の役割と機能
２．子どもの理解
(1) 子どもの観察とその記録
(2) 個々の状態に応じた援助や関わり３．施設における子どもの生活と環境
(1) 計画に基づく活動や援助
(2) 子どもの心身の状態に応じた生活と対応
(3) 子どもの活動と環境
(4) 健康管理，安全対策の理解
４．計画と記録
(1) 支援計画の理解と活用
(2) 記録に基づく省察・自己評価
５．専門職としての保育士の役割と倫理
(1) 保育士の業務内容
(2) 職員間の役割分担や連携
(3) 保育士の役割と職業倫理

【保育実習】

<教科目名>
保育実習指導Ⅰ（演習・２単位）

<目標>
１．保育実習の意義・目的を理解する。
２．実習の内容を理解し，自らの実習の課題を明確にする。
３．実習施設における子どもの人権と最善の利益の考慮，プライバシーの保護と守秘義務等について理解する。
４．実習の計画・実践・観察・記録・評価の方法や内容について具体的に理解する。
５．実習の事後指導を通して，実習の総括と自己評価を行い，今後の学習に向けた課題や目標を明確にする。

<内容>
１．保育実習の意義
(1) 実習の目的
(2) 実習の概要
２．実習の内容と課題の明確化
(1) 実習の内容
(2) 実習の課題

３．実習に際しての留意事項
(1) 子どもの人権と最善の利益の考慮
(2) プライバシーの保護と守秘義務
(3) 実習生としての心構え
４．実習の計画と記録
(1) 実習における計画と実践
(2) 実習における観察，記録及び評価
５．事後指導における実習の総括と課題の明確化
(1) 実習の総括と自己評価
(2) 課題の明確化

<教科目名>
保育実習 Ⅱ（実習・２単位：保育所実習）

<目標>
１．保育所の役割や機能について，具体的な実践を通して理解を深める。
２．子どもの観察や関わりの視点を明確にすることを通して，保育の理解を深める。
３．既習の教科目や保育実習 Ⅰ の経験を踏まえ，子どもの保育及び子育て支援について総合的に理解する。
４．保育の計画・実践・観察・記録及び自己評価等について，実際に取り組み，理解を深める。
５．保育士の業務内容や職業倫理について，具体的な実践に結びつけて理解する。
６．実習における自己の課題を明確化する。

<内容>
１．保育所の役割や機能の具体的展開
(1) 養護と教育が一体となって行われる保育
(2) 保育所の社会的役割と責任
２．観察に基づく保育の理解
(1) 子どもの心身の状態や活動の観察
(2) 保育士等の援助や関わり
(3) 保育所の生活の流れや展開の把握
３．子どもの保育及び保護者・家庭への支援と地域社会等との連携
(1) 環境を通して行う保育，生活や遊びを通して総合的に行う保育
(2) 入所している子どもの保護者に対する子育て支援及び地域の保護者等に対する子育て支援
(3) 関係機関や地域社会との連携・協働
４．指導計画の作成・実践・観察・記録・評価
(1) 全体的な計画に基づく指導計画の作成・実践・省察・評価と保育の過程の理解
(2) 作成した指導計画に基づく保育の実践と評価
５．保育士の業務と職業倫理
(1) 多様な保育の展開と保育士の業務
(2) 多様な保育の展開と保育士の職業倫理
６．自己の課題の明確化

<教科目名>
保育実習 Ⅲ（実習・２単位：保育所以外の施設実習）

<目標>
１．既習の教科目や保育実習の経験を踏まえ，児童福祉施設等（保育所以外）の役割や機能について実践を通して，理解する。
２．家庭と地域の生活実態にふれて，子ども家庭福祉，社会的養護，障害児支援に対する理解をもとに，保護者支援，家庭支援のための知識，技術，判断力を習得する。
３．保育士の業務内容や職業倫理について具体的な実践に結びつけて理解する。
４．実習における自己の課題を理解する。

<内容>
１．児童福祉施設等（保育所以外）の役割と機能
２．施設における支援の実際
(1) 受容し，共感する態度
(2) 個人差や生活環境に伴う子ども（利用者）のニーズの把握と子ども理解
(3) 個別支援計画の作成と実践
(4) 子ども（利用者）の家族への支援と対応
(5) 各施設における多様な専門職との連携・協働
(6) 地域社会との連携・協働
３．保育士の多様な業務と職業倫理
４．保育士としての自己課題の明確化

<教科目名>
保育実習指導 Ⅱ 又は Ⅲ（演習・１単位）

<目標>
１．保育実習の意義と目的を理解し，保育について総合的に理解する。
２．実習や既習の教科目の内容やその関連性を踏まえ，保育の実践力を習得する。
３．保育の観察，記録及び自己評価等を踏まえた保育の改善について，実践や事例を通して理解する。
４．保育士の専門性と職業倫理について理解する。
５．実習の事後指導を通して，実習の総括と自己評価を行い，保育に対する課題や認識を明確にする。

<内容>
１．保育実習による総合的な学び
(1) 子どもの最善の利益を考慮した保育の具体的理解
(2) 子どもの保育と保護者支援
２．保育の実践力の育成
(1) 子ども（利用者）の状態に応じた適切な関わり
(2) 保育の知識・技術を活かした保育実践
３．計画と観察，記録，自己評価
(1) 保育の全体計画に基づく具体的な計画と実践
(2) 保育の観察，記録，自己評価に基づく保育の改善
４．保育士の専門性と職業倫理
５．事後指導における実習の総括と評価
(1) 実習の総括と自己評価
(2) 課題の明確化

◆巻末資料3
児童福祉法（昭和二十二年法律第百六十四号）（抄）※第一条・二条と，実習施設根拠法（改正：平成30年法律第66号）

第一章　総則
第一条　全て児童は，児童の権利に関する条約の精神にのつとり，適切に養育されること，その生活を保障されること，愛され，保護されること，その心身の健やかな成長及び発達並びにその自立が図られることその他の福祉を等しく保障される権利を有する。
第二条　全て国民は，児童が良好な環境において生まれ，かつ，社会のあらゆる分野において，児童の年齢及び発達の程度に応じて，その意見が尊重され，その最善の利益が優先して考慮され，心身ともに健やかに育成されるよう努めなければならない。
②　児童の保護者は，児童を心身ともに健やかに育成することについて第一義的責任を負う。
③　国及び地方公共団体は，児童の保護者とともに，児童を心身ともに健やかに育成する責任を負う。
第二節　定義
第六条の三
⑩　この法律で，小規模保育事業とは，次に掲げる事業をいう。
一　保育を必要とする乳児・幼児であつて満三歳未満のものについて，当該保育を必要とする乳児・幼児を保育することを目的とする施設（利用定員が六人以上十九人以下であるものに限る。）において，保育を行う事業
二　満三歳以上の幼児に係る保育の体制の整備の状況その他の地域の事情を勘案して，保育が必要と認められる児童であつて満三歳以上のものについて，前号に規定する施設において，保育を行う事業
※ただし，「家庭的保育事業等の設備及び運営に関する基準」（平成26年厚生労働省令61号）第3章第2節に規定する小規模保育事業A型及び同基準同章第3節に規定する小規模保育B型に限る。
⑫　この法律で，事業所内保育事業とは，次に掲げる事業をいう。
一　保育を必要とする乳児・幼児であつて満三歳未満のものについて，次に掲げる施設において，保育を行う事業
イ　事業主がその雇用する労働者の監護する乳児若しくは幼児及びその他の乳児若しくは幼児を保育するために自ら設置する施設又は事業主から委託を受けて当該事業主が雇用する労働者の監護する乳児若しくは幼児及びその他の乳児若しくは幼児の保育を実施する施設

ロ　事業主団体がその構成員である事業主の雇用する労働者の監護する乳児若しくは幼児及びその他の乳児若しくは幼児を保育するために自ら設置する施設又は事業主団体から委託を受けてその構成員である事業主の雇用する労働者の監護する乳児若しくは幼児及びその他の乳児若しくは幼児の保育を実施する施設

ハ　地方公務員等共済組合法（昭和三十七年法律第百五十二号）の規定に基づく共済組合その他の厚生労働省令で定める組合（以下ハにおいて「共済組合等」という。）が当該共済組合等の構成員として厚生労働省令で定める者（以下ハにおいて「共済組合等の構成員」という。）の監護する乳児若しくは幼児及びその他の乳児若しくは幼児を保育するために自ら設置する施設又は共済組合等から委託を受けて当該共済組合等の構成員の監護する乳児若しくは幼児及びその他の乳児若しくは幼児の保育を実施する施設

二　満三歳以上の幼児に係る保育の体制の整備の状況その他の地域の事情を勘案して、保育が必要と認められる児童であつて満三歳以上のものについて、前号に規定する施設において、保育を行う事業

第二章　福祉の保障　第六節　要保護児童の保護措置等

第三十三条　児童相談所長は、必要があると認めるときは、第二十六条第一項の措置を採るに至るまで、児童の安全を迅速に確保し適切な保護を図るため、又は児童の心身の状況、その置かれている環境その他の状況を把握するため、児童の一時保護を行い、又は適当な者に委託して、当該一時保護を行わせることができる。

②　都道府県知事は、必要があると認めるときは、第二十七条第一項又は第二項の措置（第二十八条第四項の規定による勧告を受けて採る指導措置を除く。）を採るに至るまで、児童の安全を迅速に確保し適切な保護を図るため、又は児童の心身の状況、その置かれている環境その他の状況を把握するため、児童相談所長をして、児童の一時保護を行わせ、又は適当な者に当該一時保護を行うことを委託させることができる。

③　前二項の規定による一時保護の期間は、当該一時保護を開始した日から二月を超えてはならない。

④　前項の規定にかかわらず、児童相談所長又は都道府県知事は、必要があると認めるときは、引き続き第一項又は第二項の規定による一時保護を行うことができる。

⑤　前項の規定により引き続き一時保護を行うことが当該児童の親権を行う者又は未成年後見人の意に反する場合においては、児童相談所長又は都道府県知事が引き続き一時保護を行おうとするとき、及び引き続き一時保護を行つた後二月を超えて引き続き一時保護を行おうとするときごとに、児童相談所長又は都道府県知事は、家庭裁判所の承認を得なければならない。ただし、当該児童に係る第二十八条第一項第一号若しくは第二号ただし書の承認の申立て又は当該児童の親権者に係る第三十三条の七の規定による親権喪失若しくは親権停止の審判の請求若しくは当該児童の未成年後見人に係る第三十三条の九の規定による未成年後見人の解任の請求がされている場合は、この限りでない。

第三章　事業、養育里親及び養子縁組里親並びに施設

第三十七条　乳児院は、乳児（保健上、安定した生活環境の確保その他の理由により特に必要のある場合には、幼児を含む。）を入院させて、これを養育し、あわせて退院した者について相談その他の援助を行うことを目的とする施設とする。

第三十八条　母子生活支援施設は、配偶者のない女子又はこれに準ずる事情にある女子及びその者の監護すべき児童を入所させて、これらの者を保護するとともに、これらの者の自立の促進のためにその生活を支援し、あわせて退所した者について相談その他の援助を行うことを目的とする施設とする。

第三十九条　保育所は、保育を必要とする乳児・幼児を日々保護者の下から通わせて保育を行うことを目的とする施設（利用定員が二十人以上であるものに限り、幼保連携型認定こども園を除く。）とする。

②　保育所は、前項の規定にかかわらず、特に必要があるときは、保育を必要とするその他の児童を日々保護者の下から通わせて保育することができる。

第三十九条の二　幼保連携型認定こども園は、義務教育及びその後の教育の基礎を培うものとしての満三歳以上の幼児に対する教育（教育基本法（平成十八年法律第百二十号）第六条第一項に規定する法律に定める学校において行われる教育をいう。）及び保育を必要とする乳児・幼児に対する保育を一体的に行い、これらの乳児又は幼児の健やかな成長が図られるよう適当な環境を与えて、その心身の発達を助長することを目的とする施設とする。

②　幼保連携型認定こども園に関しては、この法律に定めるもののほか、認定こども園法の定めるところによる。

第四十条　児童厚生施設は、児童遊園、児童館等児童に健全な遊びを与えて、その健康を増進し、又は情操をゆたかにすることを目的とする施設とする。

第四十一条　児童養護施設は、保護者のない児童（乳児を除く。ただし、安定した生活環境の確保その他の理由により特に必要のある場合には、乳児を含む。以下この条において同じ。）、虐待されている児童その他環境上養護を要する児童を入所させて、これを養護し、あわせて退所した者に対する相談その他の自立のための援助を行うことを目的とする施設とする。

第四十二条　障害児入所施設は、次の各号に掲げる区分に応じ、障害児を入所させて、当該各号に定める支援を行うことを目的とする施設とする。

一　福祉型障害児入所施設　保護、日常生活の指導及び独立自活に必要な知識技能の付与

二　医療型障害児入所施設　保護、日常生活の指導、独立自活に必要な知識技能の付与及び治療

第四十三条　児童発達支援センターは、次の各号に掲げる区分に応じ、障害児を日々保護者の下から通わせて、当該各号に定める支援を提供することを目的とする施設とする。

一　福祉型児童発達支援センター　日常生活における基本的動作の指導、独立自活に必要な知識技能の付与又は集団生活への適応のための訓練

二　医療型児童発達支援センター　日常生活における基本的動作の指導、独立自活に必要な知識技能の付与又は集団生活への適応のための訓練及び治療

第四十三条の二　児童心理治療施設は、家庭環境、学校における交友関係その他の環境上の理由により社会生活への適応が困難となつた児童を、短期間、入所させ、又は保護者の下から通わせて、社会生活に適応するために必要な心理に関する治療及び生活指導を主として行い、あわせて退所した者について相談その他の援助を行うことを目的とする施設とする。

第四十四条　児童自立支援施設は、不良行為をなし、又はなすおそれのある児童及び家庭環境その他の環境上の理由により生活指導等を要する児童を入所させ、又は保護者の下から通わせて、個々の児童の状況に応じて必要な指導を行い、その自立を支援し、あわせて退所した者について相談その他の援助を行うことを目的とする施設とする。

◆巻末資料④

障害者の日常生活及び社会生活を総合的に支援するための法律（平成17年法律第123号）（抄）第五条1, 11 ※障害者支援施設、指定障害福祉サービス事業所（生活介護、自立訓練、就労以降支援又は就労継続支援を行うものに限る）根拠法

（改正：平成29年法律第52号）（平成31年4月1日より施行）

第五条　この法律において「障害福祉サービス」とは、居宅介護、重度訪問介護、同行援護、行動援護、療養介護、生活介護、短期入所、重度障害者等包括支援、施設入所支援、自立訓練、就労移行支援、就労継続支援、就労定着支援、自立生活援助及び共同生活援助をいい、「障害福祉サービス事業」とは、障害福祉サービス（障害者支援施設、独立行政法人国立重度知的障害者総合施設のぞみの園法（平成十四年法律第百六十七号）第十一条第一号の規定により独立行政法人国立重度知的障害者総合施設のぞみの園が設置する施設（以下「のぞみの園」という。）その他厚生労働省令で定める施設において行われる施設障害福祉サービス（施設

入所支援及び厚生労働省令で定める障害福祉サービスをいう。以下同じ。）を除く。）を行う事業をいう。

11　この法律において「障害者支援施設」とは、障害者につき、施設入所支援を行うとともに、施設入所支援以外の施設障害福祉サービスを行う施設（のぞみの園及び第一項の厚生労働省令で定める施設を除く。）をいう。

◆**巻末資料⑤**────────
児童福祉施設の設備及び運営に関する基準（昭和23年厚生省令第63号）（抄）
第32条 - 第36条の3（改正：平成31年2月15日厚生労働省令第十五号）（平成31年4月1日から施行）

第五章　保育所
（設備の基準）
第三十二条　保育所の設備の基準は、次のとおりとする。
一　乳児又は満二歳に満たない幼児を入所させる保育所には、乳児室又はほふく室、医務室、調理室及び便所を設けること。
二　乳児室の面積は、乳児又は前号の幼児一人につき一・六五平方メートル以上であること。
三　ほふく室の面積は、乳児又は第一号の幼児一人につき三・三平方メートル以上であること。
四　乳児室又はほふく室には、保育に必要な用具を備えること。
五　満二歳以上の幼児を入所させる保育所には、保育室又は遊戯室、屋外遊戯場（保育所の付近にある屋外遊戯場に代わるべき場所を含む。次号において同じ。）、調理室及び便所を設けること。
六　保育室又は遊戯室の面積は、前号の幼児一人につき一・九八平方メートル以上、屋外遊戯場の面積は、前号の幼児一人につき三・三平方メートル以上であること。
七　保育室又は遊戯室には、保育に必要な用具を備えること。
八　乳児室、ほふく室、保育室又は遊戯室（以下「保育室等」という。）を二階に設ける建物は、次のイ、ロ及びへの要件に、保育室等を三階以上に設ける建物は、次のロからチまでの要件に該当するものであること。
イ　建築基準法（昭和二十五年法律第二百一号）第二条第九号の二に規定する耐火建築物又は同条第九号の三に規定する準耐火建築物（同号ロに該当するものを除く。）であること。
ロ　保育室等が設けられている次の表の上欄に掲げる階に応じ、同表の中欄に掲げる区分ごとに、それぞれ同表の下欄に掲げる施設又は設備が一以上設けられていること。

階	区分	施設又は設備
二階	常用	1　屋内階段 2　屋外階段
	避難用	1　建築基準法施行令（昭和二十五年政令第三百三十八号）第百二十三条第一項各号又は同条第三項各号に規定する構造の屋内階段（ただし、同条第一項の場合においては、当該階段の構造は、建築物の一階から二階までの部分に限り、屋内と階段室とは、バルコニー又は付室を通じて連絡することとし、かつ、同条第三項第三号、第四号及び第十号を満たすものとする。） 2　待避上有効なバルコニー 3　建築基準法第二条第七号の二に規定する準耐火構造の屋外傾斜路又はこれに準ずる設備 4　屋外階段
三階	常用	1　建築基準法施行令第百二十三条第一項各号又は同条第三項各号に規定する構造の屋内階段 2　屋外階段
	避難用	1　建築基準法施行令第百二十三条第一項各号又は同条第三項各号に規定する構造の屋内階段（ただし、同条第一項の場合においては、当該階段の構造は、建築物の一階から三階までの部分に限り、屋内と階段室とは、バルコニー又は付室を通じて連絡することとし、かつ、同条第三項第三号、第四号及び第十号を満たすものとする。） 2　建築基準法第二条第七号に規定する耐火構造の屋外傾斜路又はこれに準ずる設備 3　屋外階段
四階以上	常用	1　建築基準法施行令第百二十三条第一項各号又は同条第三項各号に規定する構造の屋内階段 2　建築基準法施行令第百二十三条第二項各号に規定する構造の屋外階段
	避難用	1　建築基準法施行令第百二十三条第一項各号又は同条第三項各号に規定する構造の屋内階段（ただし、同条第一項の場合においては、当該階段の構造は、建築物の一階から保育室等が設けられている階までの部分に限り、屋内と階段室とは、バルコニー又は付室（階段室が同条第三項第二号に規定する構造を有する場合を除き、同号に規定する構造を有するものに限る。）を通じて連絡することとし、かつ、同条第三項第三号、第四号及び第十号を満たすものとする。） 2　建築基準法第二条第七号に規定する耐火構造の屋外傾斜路 3　建築基準法施行令第百二十三条第二項各号に規定する構造の屋外階段

ハ　ロに掲げる施設及び設備が避難上有効な位置に設けられ、かつ、保育室等の各部分からその一に至る歩行距離が三十メートル以下となるように設けられていること。
ニ　保育所の調理室（次に掲げる要件のいずれかに該当するものを除く。ニにおいて同じ。）以外の部分と保育所の調理室の部分が建築基準法第二条第七号に規定する耐火構造の床若しくは壁又は建築基準法施行令第百十二条第一項に規定する特定防火設備で区画されていること。この場合において、換気、暖房又は冷房の設備の風道が、当該床若しくは壁を貫通する部分又はこれに近接する部分に防火上有効にダンパーが設けられていること。
(1)　スプリンクラー設備その他これに類するもので自動式のものが設けられていること。
(2)　調理用器具の種類に応じて有効な自動消火装置が設けられ、かつ、当該調理室の外部への延焼を防止するために必要な措置が講じられていること。
ホ　保育所の壁及び天井の室内に面する部分の仕上げを不燃材料でしていること。
ヘ　保育室等その他乳幼児が出入し、又は通行する場所に、乳幼児の転落事故を防止する設備が設けられていること。
ト　非常警報器具又は非常警報設備及び消防機関へ火災を通報する設備が設けられていること。
チ　保育所のカーテン、敷物、建具等で可燃性のものについて防炎処理が施されていること。

（保育所の設備の基準の特例）
第三十二条の二　次の各号に掲げる要件を満たす保育所は、第十一条第一項の規定にかかわらず、当該保育所の満三歳以上の幼児に対する食事の提供について、当該保育所外で調理し搬入する方法により行うことができる。この場合において、当該保育所は、当該食事の提供について当該方法によることとしてもなお当該保育所において行うことが必要な調理のための加熱、保存等の調理機能を有する設備を備えるものとする。
一　幼児に対する食事の提供の責任が当該保育所にあり、その管理者が、衛生面、栄養面等業務上必要な注意を果たし得るような体制及び調理業務の受託者との契約内容が確保されていること。

二　当該保育所又は他の施設，保健所，市町村等の栄養士により，献立等について栄養の観点からの指導が受けられる体制にある等，栄養士による必要な配慮が行われること。

三　調理業務の受託者を，当該保育所における給食の趣旨を十分に認識し，衛生面，栄養面等，調理業務を適切に遂行できる能力を有する者とすること。

四　幼児の年齢及び発達の段階並びに健康状態に応じた食事の提供や，アレルギー，アトピー等への配慮，必要な栄養素量の給与等，幼児の食事の内容，回数及び時機に適切に応じることができること。

五　食を通じた乳幼児の健全育成を図る観点から，乳幼児の発育及び発達の過程に応じて食に関し配慮すべき事項を定めた食育に関する計画に基づき食事を提供するよう努めること。

（職員）
第三十三条　保育所には，保育士（特区法第十二条の四第五項に規定する事業実施区域内にある保育所にあつては，保育士又は当該事業実施区域に係る国家戦略特別区域限定保育士。次項において同じ。），嘱託医及び調理員を置かなければならない。ただし，調理業務の全部を委託する施設にあつては，調理員を置かないことができる。

2　保育士の数は，乳児おおむね三人につき一人以上，満一歳以上満三歳に満たない幼児おおむね六人につき一人以上，満三歳以上満四歳に満たない幼児おおむね二十人につき一人以上，満四歳以上の幼児おおむね三十人につき一人以上とする。ただし，保育所一につき二人を下ることはできない。

（保育時間）
第三十四条　保育所における保育時間は，一日につき八時間を原則とし，その地方における乳幼児の保護者の労働時間その他家庭の状況等を考慮して，保育所の長がこれを定める。

（保育の内容）
第三十五条　保育所における保育は，養護及び教育を一体的に行うことをその特性とし，その内容については，厚生労働大臣が定める指針に従う。

（保護者との連絡）
第三十六条　保育所の長は，常に入所している乳幼児の保護者と密接な連絡をとり，保育の内容等につき，その保護者の理解及び協力を得るよう努めなければならない。

（業務の質の評価等）
第三十六条の二　保育所は，自らその行う法第三十九条に規定する業務の質の評価を行い，常にその改善を図らなければならない。

2　保育所は，定期的に外部の者による評価を受けて，それらの結果を公表し，常にその改善を図るよう努めなければならない。

第三十六条の三　削除

◆巻末資料[6]————————————————
全国保育士会倫理綱領

　すべての子どもは，豊かな愛情のなかで心身ともに健やかに育てられ，自ら伸びていく無限の可能性を持っています。

　私たちは，子どもが現在（いま）を幸せに生活し，未来（あす）を生きる力を育てる保育の仕事に誇りと責任をもって，自らの人間性と専門性の向上に努め，一人ひとりの子どもを心から尊重し，次のことを行います。

　　私たちは，子どもの育ちを支えます。
　　私たちは，保護者の子育てを支えます。
　　私たちは，子どもと子育てにやさしい社会をつくります。

（子どもの最善の利益の尊重）

1．私たちは，一人ひとりの子どもの最善の利益を第一に考え，保育を通してその福祉を積極的に増進するよう努めます。
（子どもの発達保障）

2．私たちは，養護と教育が一体となった保育を通して，一人ひとりの子どもが心身ともに健康，安全で情緒の安定した生活ができる環境を用意し，生きる喜びと力を育むことを基本として，その健やかな育ちを支えます。
（保護者との協力）

3．私たちは，子どもと保護者のおかれた状況や意向を受けとめ，保護者とより良い協力関係を築きながら，子どもの育ちや子育てを支えます。
（プライバシーの保護）

4．私たちは，一人ひとりのプライバシーを保護するため，保育を通して知り得た個人の情報や秘密を守ります。
（チームワークと自己評価）

5．私たちは，職場におけるチームワークや，関係する他の専門機関との連携を大切にします。
　また，自らの行う保育について，常に子どもの視点に立って自己評価を行い，保育の質の向上を図ります。
（利用者の代弁）

6．私たちは，日々の保育や子育て支援の活動を通して子どものニーズを受けとめ，子どもの立場に立ってそれを代弁します。
　また，子育てをしているすべての保護者のニーズを受けとめ，それを代弁していくことも重要な役割と考え，行動します。
（地域の子育て支援）

7．私たちは，地域の人々や関係機関とともに子育てを支援し，そのネットワークにより，地域で子どもを育てる環境づくりに努めます。
（専門職としての責務）

8．私たちは，研修や自己研鑽を通して，常に自らの人間性と専門性の向上に努め，専門職としての責務を果たします。

　　　　　　　　　社会福祉法人　全国社会福祉協議会
　　　　　　　　　　　　　　　　全国保育協議会
　　　　　　　　　　　　　　　　全国保育士会

◆巻末資料[7]————————————————
全国児童養護施設協議会　倫理綱領

　　　　　　　　　社会福祉法人　全国社会福祉協議会
　　　　　　　　　　　　　　　　全国児童養護施設協議会

原則
　児童養護施設に携わるすべての役員・職員（以下，『私たち』という。）は，日本国憲法，世界人権宣言，国連・子どもの権利に関する条約，児童憲章，児童福祉法，児童虐待の防止等に関する法律，児童福祉施設最低基準にかかげられた理念と定めを遵守します。

　すべての子どもを，人種，性別，年齢，身体的精神的状況，宗教的文化的背景，保護者の社会的地位，経済状況等の違いにかかわらず，かけがえのない存在として尊重します。

使命
　私たちは，入所してきた子どもたちが，安全に安心した生活を営むことができるよう，子どもの生命と人権を守り，育む責務があります。

　私たちは，子どもの意思を尊重しつつ，子どもの成長と発達を育み，自己実現と自立のために継続的な援助を保障する養育をおこない，子どもの最善の利益の実現をめざします。

倫理綱領
1．私たちは，子どもの利益を最優先した養育をおこないます
　　一人ひとりの子どもの最善の利益を優先に考え，24時間365日の生活をとおして，子どもの自己実現と自立のために，専門性

をもった養育を展開します。

2．私たちは，子どもの理解と受容，信頼関係を大切にします

自らの思いこみや偏見をなくし，子どもをあるがままに受けとめ，一人ひとりの子どもとその個性を理解し，意見を尊重しながら，子どもとの信頼関係を大切にします。

3．私たちは，子どもの自己決定と主体性の尊重につとめます

子どもが自己の見解を表明し，子ども自身が選択し，意思決定できる機会を保障し，支援します。また，子どもに必要な情報は適切に提供し，説明責任をはたします。

4．私たちは，子どもと家族との関係を大切にした支援をおこないます

関係機関・団体と協働し，家族との関係調整のための支援をおこない，子どもと，子どもにとってかけがえのない家族を，継続してささえます。

5．私たちは，子どものプライバシーの尊重と秘密を保持します

子どもの安全安心な生活を守るために，一人ひとりのプライバシーを尊重し，秘密の保持につとめます。

6．私たちは，子どもへの差別・虐待を許さず，権利侵害の防止につとめます

いかなる理由の差別・虐待・人権侵害も決して許さず，子どもたちの基本的人権と権利を擁護します。

7．私たちは，最良の養育実践を行うために専門性の向上をはかります

自らの人間性を高め，最良の養育実践をおこなうために，常に自己研鑽につとめ，養育と専門性の向上をはかります。

8．私たちは，関係機関や地域と連携し，子どもを育みます

児童相談所や学校，医療機関などの関係機関や，近隣住民・ボランティアなどと連携し，子どもを育みます。

9．私たちは，地域福祉への積極的な参加と協働につとめます

施設のもつ専門知識と技術を活かし，地域社会に協力することで，子育て支援につとめます。

10．私たちは，常に施設環境および運営の改善向上につとめます

子どもの健康および発達のための施設環境をととのえ，施設運営に責任をもち，児童養護施設が高い公共性と専門性を有していることを常に自覚し，社会に対して，施設の説明責任にもとづく情報公開と，健全で公正，かつ活力ある施設運営につとめます。

2010 年 5 月 17 日制定

◆巻末資料⑧
乳児院倫理綱領

社会福祉法人
全国社会福祉協議会・全国乳児福祉協議会

乳児院の責務は，子どもの生命と人権を守り，子どもたちが日々こころ豊かにかつ健やかに成長するよう，また，その保護者が子どもたちによりよい養育環境を整えられるよう支援することです。

私たちはこのことを深く認識し，子育て支援に対する社会からの要請に応えるべく，日々自己研鑽に励み，専門性の向上をめざします。そして，子どもたちの育ちを支える生活の場として，すべての職員が心をあわせ，子どもたちの幸福を実現するための拠りどころを，次に定めます。

（基本理念）

私たちは，社会の責任のもとに，子どもたちの生命を，かけがえのない，社会で最も尊いものとして大切に守ります。

私たちは，子どもたちによりそい，その思いを代弁するよう努めるとともに，専門的役割と使命を自覚し，一人ひとりの子どもの最善の利益の実現に努めます。

（権利擁護）

私たちは，児童憲章と子どもの権利条約の理念を遵守し，子どもたちの人権（生きる権利，育つ権利，守られる権利，参加する権利）を尊重します。

私たちは，子どもたちへのいかなる差別や虐待も許さず，また不適切なかかわりをしないよう，自らを律します。

（家庭的養護と個別養護）

私たちは，家庭的な養育環境のもとで，子どもたちが安心して生活できるよう，子どもたち一人ひとりの成長発達をきめ細かく，丁寧に見守っていきます。

（発達の支援）

私たちは，子どもたち一人ひとりと信頼関係を築き，子どもたちが健全な心身の発達ができるよう育ちを支えます。

（家庭への支援）

私たちは，関係機関と協働し，家庭機能の回復を援助するとともに，保護者や里親と子どもたちを継続的に支援します。

（社会的使命の遂行）

私たちは，関係機関と協働し，虐待防止の推進を図るとともに，地域の子育て支援や里親支援などの社会貢献に努めます。

平成 20 年 5 月 9 日（平成 26 年 5 月 12 日一部改正）

◆巻末資料⑨
全国母子生活支援施設協議会倫理綱領

社会福祉法人全国社会福祉協議会
全国母子生活支援施設協議会

母子生活支援施設に携わるすべての役員・職員以下，「私たち」という。）は，母と子の権利擁護と生活の拠点として，子どもを育み，子どもが育つことを保障し，安定した生活の営みを支えます。

そのために私たちは，母と子の主体性を尊重した自立への歩みを支えるとともに，常に職員の研鑽と資質向上に励み，公正で公平な施設運営を心がけ，母と子および地域社会から信頼される施設として支援を行うことをめざします。

〈基本理念〉
1．私たちは，母と子の権利と尊厳を擁護します。
〈パートナーシップ〉
2．私たちは，母と子の願いや要望を受けとめ，安心・安全な環境の中で，母と子の生活課題への取り組みを支援し，安定した生活の営みを形成することをめざします。

〈自立支援〉
3．私たちは，母と子の自立に向けた考えを尊重し，その歩みをともにしながら，母と子を支えることをめざします。

〈人権侵害防止〉
4．私たちは，法令を遵守し，母と子への人権侵害を許しません。

〈運営・資質の向上〉
5．私たちは，母と子への最適な支援と，よりよい施設運営をめざすとともに，自己点検をはかり，職員自身も自らを見つめ直し，専門性の向上に努めます。

〈アフターケア〉
6．私たちは，母と子の退所後をインケアからアフターケアをつなぐため，退所計画を作成し，アウトリーチするとともに，地域の社会資源を組み込んだネットワークによる切れ目のない支援を提供することをめざします。

〈地域協働〉
7．私たちは，関係機関や団体とネットワーク形成を図りながら，資源の開発や創生による子育て支援地域づくりを進め，ひとり親

家庭のニーズに合わせた展開をすることをめざします。

平成 19 年 4 月 25 日制定
平成 27 年 5 月 12 日改定

◆巻末資料10
児童の権利に関する条約（抄）
第 9 条～25 条（1989 年 11 月 20 日国連総会採択，1994 年 5 月 22 日日本発効）

第 9 条
1　締約国は，児童がその父母の意思に反してその父母から分離されないことを確保する。ただし，権限のある当局が司法の審査に従うことを条件として適用のある法律及び手続に従いその分離が児童の最善の利益のために必要であると決定する場合は，この限りでない。このような決定は，父母が児童を虐待し若しくは放置する場合又は父母が別居しており児童の居住地を決定しなければならない場合のような特定の場合において必要となることがある。
2　すべての関係当事者は，1 の規定に基づくいかなる手続においても，その手続に参加しかつ自己の意見を述べる機会を有する。
3　締約国は，児童の最善の利益に反する場合を除くほか，父母の一方又は双方から分離されている児童が定期的に父母のいずれとも人的な関係及び直接の接触を維持する権利を尊重する。
4　3 の分離が，締約国がとった父母の一方若しくは双方又は児童の抑留，拘禁，追放，退去強制，死亡（その者が当該締約国により身体を拘束されている間に何らかの理由により生じた死亡を含む。）等のいずれかの措置に基づく場合には，当該締約国は，要請に応じ，父母，児童又は適当な場合には家族の他の構成員に対し，家族のうち不在となっている者の所在に関する重要な情報を提供する。ただし，その情報の提供が児童の福祉を害する場合は，この限りでない。締約国は，更に，その要請の提出自体が関係者に悪影響を及ぼさないことを確保する。

第 10 条
1　前条 1 の規定に基づく締約国の義務に従い，家族の再統合を目的とする児童又はその父母による締約国への入国又は締約国からの出国の申請については，締約国が積極的，人道的かつ迅速な方法で取り扱う。締約国は，更に，その申請の提出が申請者及びその家族の構成員に悪影響を及ぼさないことを確保する。
2　父母と異なる国に居住する児童は，例外的な事情がある場合を除くほか定期的に父母との人的な関係及び直接の接触を維持する権利を有する。このため，前条 1 の規定に基づく締約国の義務に従い，締約国は，児童及びその父母がいずれの国（自国を含む。）からも出国し，かつ，自国に入国する権利を尊重する。出国する権利は，法律で定められ，国の安全，公の秩序，公衆の健康若しくは道徳又は他の者の権利及び自由を保護するために必要であり，かつ，この条約において認められる他の権利と両立する制限にのみ従う。

第 11 条
1　締約国は，児童が不法に国外へ移送されることを防止し及び国外から帰還することができない事態を除去するための措置を講ずる。
2　このため，締約国は，二国間若しくは多数国間の協定の締結又は現行の協定への加入を促進する。

第 12 条
1　締約国は，自己の意見を形成する能力のある児童がその児童に影響を及ぼすすべての事項について自由に自己の意見を表明する権利を確保する。この場合において，児童の意見は，その児童の年齢及び成熟度に従って相応に考慮されるものとする。
2　このため，児童は，特に，自己に影響を及ぼすあらゆる司法上及び行政上の手続において，国内法の手続規則に合致する方法により直接に又は代理人若しくは適当な団体を通じて聴取される機会を与えられる。

第 13 条
1　児童は，表現の自由についての権利を有する。この権利には，口頭，手書き若しくは印刷，芸術の形態又は自ら選択する他の方法により，国境とのかかわりなく，あらゆる種類の情報及び考えを求め，受け及び伝える自由を含む。
2　1 の権利の行使については，一定の制限を課することができる。ただし，その制限は，法律によって定められ，かつ，次の目的のために必要とされるものに限る。
(a) 他の者の権利又は信用の尊重
(b) 国の安全，公の秩序又は公衆の健康若しくは道徳の保護

第 14 条
1　締約国は，思想，良心及び宗教の自由についての児童の権利を尊重する。
2　締約国は，児童が 1 の権利を行使するに当たり，父母及び場合により法定保護者が児童に対しその発達しつつある能力に適合する方法で指示を与える権利及び義務を尊重する。
3　宗教又は信念を表明する自由については，法律で定める制限であって公共の安全，公の秩序，公衆の健康若しくは道徳又は他の者の基本的な権利及び自由を保護するために必要なもののみを課することができる。

第 15 条
1　締約国は，結社の自由及び平和的な集会の自由についての児童の権利を認める。
2　1 の権利の行使については，法律で定める制限であって国の安全若しくは公共の安全，公の秩序，公衆の健康若しくは道徳の保護又は他の者の権利及び自由の保護のため民主的社会において必要なもの以外のいかなる制限も課することができない。

第 16 条
1　いかなる児童も，その私生活，家族，住居若しくは通信に対して恣意的に若しくは不法に干渉され又は名誉及び信用を不法に攻撃されない。
2　児童は，1 の干渉又は攻撃に対する法律の保護を受ける権利を有する。

第 17 条
　締約国は，大衆媒体（マス・メディア）の果たす重要な機能を認め，児童が国の内外の多様な情報源からの情報及び資料，特に児童の社会面，精神面及び道徳面の福祉並びに心身の健康の促進を目的とした情報及び資料を利用することができることを確保する。このため，締約国は，
(a) 児童にとって社会面及び文化面において有益であり，かつ，第 29 条の精神に沿う情報及び資料を大衆媒体（マス・メディア）が普及させるよう奨励する。
(b) 国の内外の多様な情報源（文化的にも多様な情報源を含む。）からの情報及び資料の作成，交換及び普及における国際協力を奨励する。
(c) 児童用書籍の作成及び普及を奨励する。
(d) 少数集団に属し又は原住民である児童の言語上の必要性について大衆媒体（マス・メディア）が特に考慮するよう奨励する。
(e) 第 13 条及び次条の規定に留意して，児童の福祉に有害な情報及び資料から児童を保護するための適当な指針を発展させることを奨励する。

第 18 条
1　締約国は，児童の養育及び発達について父母が共同の責任を有するという原則についての認識を確保するために最善の努力を払う。父母又は場合により法定保護者は，児童の養育及び発達についての第一義的な責任を有する。児童の最善の利益は，これらの者の基本的な関心事項となるものとする。

2　締約国は，この条約に定める権利を保障し及び促進するため，父母及び法定保護者が児童の養育についての責任を遂行するに当たりこれらの者に対して適当な援助を与えるものとし，また，児童の養護のための施設，設備及び役務の提供の発展を確保する。

3　締約国は，父母が働いている児童が利用する資格を有する児童の養護のための役務の提供及び設備からその児童が便益を受ける権利を有することを確保するためのすべての適当な措置をとる。

第 19 条

1　締約国は，児童が父母，法定保護者又は児童を監護する他の者による監護を受けている間において，あらゆる形態の身体的若しくは精神的な暴力，傷害若しくは虐待，放置若しくは怠慢な取扱い，不当な取扱い又は搾取（性的虐待を含む。）からその児童を保護するためすべての適当な立法上，行政上，社会上及び教育上の措置をとる。

2　1 の保護措置には，適当な場合には，児童及び児童を監護する者のために必要な援助を与える社会的計画の作成その他の形態による防止のための効果的な手続並びに 1 に定める児童の不当な取扱いの事件の発見，報告，付託，調査，処置及び事後措置並びに適当な場合には司法の関与に関する効果的な手続を含むものとする。

第 20 条

1　一時的若しくは恒久的にその家庭環境を奪われた児童又は児童自身の最善の利益にかんがみその家庭環境にとどまることが認められない児童は，国が与える特別の保護及び援助を受ける権利を有する。

2　締約国は，自国の国内法に従い，1 の児童のための代替的な監護を確保する。

3　2 の監護には，特に，里親委託，イスラム法のカファーラ，養子縁組又は必要な場合には児童の監護のための適当な施設への収容を含むことができる。解決策の検討に当たっては，児童の養育において継続性が望ましいこと並びに児童の種族的，宗教的，文化的及び言語的な背景について，十分な考慮を払うものとする。

第 21 条

養子縁組の制度を認め又は許容している締約国は，児童の最善の利益について最大の考慮が払われることを確保するものとし，また，

(a)　児童の養子縁組が権限のある当局によってのみ認められることを確保する。この場合において，当該権限のある当局は，適用のある法律及び手続に従い，かつ，信頼し得るすべての関連情報に基づき，養子縁組が父母，親族及び法定保護者に関する児童の状況にかんがみ許容されること並びに必要な場合には，関係者が所要のカウンセリングに基づき養子縁組について事情を知らされた上での同意を与えていることを認定する。

(b)　児童がその出身国内において里親若しくは養家に託され又は適切な方法で監護を受けることができない場合には，これに代わる児童の監護の手段として国際的な養子縁組を考慮することができることを認める。

(c)　国際的な養子縁組が行われる児童が国内における養子縁組の場合における保護及び基準と同等のものを享受することを確保する。

(d)　国際的な養子縁組において当該養子縁組が関係者に不当な金銭上の利得をもたらすことがないことを確保するためのすべての適当な措置をとる。

(e)　適当な場合には，二国間又は多数国間の取極又は協定を締結することによりこの条の目的を促進し，及びこの枠組みの範囲内で他国における児童の養子縁組が権限のある当局又は機関によって行われることを確保するよう努める。

第 22 条

1　締約国は，難民の地位を求めている児童又は適用のある国際法及び国際的な手続若しくは国内法及び国内的な手続に基づき難民と認められている児童が，父母又は他の者に付き添われているかいないかを問わず，この条約及び自国が締約国となっている人権又は人道に関する他の国際文書に定める権利であって適用のあるものの享受に当たり，適当な保護及び人道的援助を受けることを確保するための適当な措置をとる。

2　このため，締約国は，適当と認める場合には，1 の児童を保護し及び援助するため，並びに難民の児童の家族との再統合に必要な情報を得ることを目的としてその難民の児童の父母又は家族の他の構成員を捜すため，国際連合及びこれと協力する他の権限のある政府間機関又は関係非政府機関による努力に協力する。その難民の児童は，父母又は家族の他の構成員が発見されない場合には，何らかの理由により恒久的又は一時的にその家庭環境を奪われた他の児童と同様にこの条約に定める保護が与えられる。

第 23 条

1　締約国は，精神的又は身体的な障害を有する児童が，その尊厳を確保し，自立を促進し及び社会への積極的な参加を容易にする条件の下で十分かつ相応な生活を享受すべきであることを認める。

2　締約国は，障害を有する児童が特別の養護についての権利を有することを認めるものとし，利用可能な手段の下で，申込みに応じた，かつ，当該児童の状況及び父母又は当該児童を養護している他の者の事情に適した援助を，これを受ける資格を有する児童及びこのような児童の養護について責任を有する者に与えることを奨励し，かつ，確保する。

3　障害を有する児童の特別な必要を認めて，2 の規定に従って与えられる援助は，父母又は当該児童を養護している他の者の資力を考慮して可能な限り無償で与えられるものとし，かつ，障害を有する児童が可能な限り社会への統合及び個人の発達（文化的及び精神的な発達を含む。）を達成することに資する方法で当該児童が教育，訓練，保健サービス，リハビリテーション・サービス，雇用のための準備及びレクリエーションの機会を実質的に利用し及び享受することができるように行われるものとする。

4　締約国は，国際協力の精神により，予防的な保健並びに障害を有する児童の医学的，心理学的及び機能的治療の分野における適当な情報の交換（リハビリテーション，教育及び職業サービスの方法に関する情報の普及及び利用を含む。）であってこれらの分野における自国の能力及び技術を向上させ並びに自国の経験を広げることができるようにすることを目的とするものを促進する。これに関しては，特に，開発途上国の必要を考慮する。

第 24 条

1　締約国は，到達可能な最高水準の健康を享受すること並びに病気の治療及び健康の回復のための便宜を与えられることについての児童の権利を認める。締約国は，いかなる児童もこのような保健サービスを利用する権利が奪われないことを確保するために努力する。

2　締約国は，1 の権利の完全な実現を追求するものとし，特に，次のことのための適当な措置をとる。

(a)　幼児及び児童の死亡率を低下させること。

(b)　基礎的な保健の発展に重点を置いて必要な医療及び保健をすべての児童に提供することを確保すること。

(c)　環境汚染の危険を考慮に入れて，基礎的な保健の枠組みの範囲内で行われることを含めて，特に容易に利用可能な技術の適用により並びに十分に栄養のある食物及び清潔な飲料水の供給を通じて，疾病及び栄養不良と闘うこと。

(d)　母親のための産前産後の適当な保健を確保すること。

(e)　社会のすべての構成員特に父母及び児童が，児童の健康及び栄養，母乳による育児の利点，衛生（環境衛生を含む。）並びに事故の防止についての基礎的な知識に関して，情報を提供され，教育を受ける機会を有し及びその知識の使用について支援されることを確保すること。

(f)　予防的な保健，父母のための指導並びに家族計画に関する教育及びサービスを発展させること。

3　締約国は，児童の健康を害するような伝統的な慣行を廃止するため，効果的かつ適当なすべての措置をとる。

4　締約国は，この条において認められる権利の完全な実現を漸進的に達成するため，国際協力を促進し及び奨励することを約束する。これに関しては，特に，開発途上国の必要を考慮する。

第25条

締約国は，児童の身体又は精神の養護，保護又は治療を目的として権限のある当局によって収容された児童に対する処遇及びその収容に関連する他のすべての状況に関する定期的な審査が行われることについての児童の権利を認める。

◆巻末資料⑪
障害者の権利に関する条約（抄）第一条〜第十二条
（2006年12月13日採択，2014年2月19日日本発効）

第一条　目的

この条約は，全ての障害者によるあらゆる人権及び基本的自由の完全かつ平等な享有を促進し，保護し，及び確保すること並びに障害者の固有の尊厳の尊重を促進することを目的とする。

障害者には，長期的な身体的，精神的，知的又は感覚的な機能障害であって，様々な障壁との相互作用により他の者との平等を基礎として社会に完全かつ効果的に参加することを妨げ得るものを有する者を含む。

第二条　定義

この条約の適用上，

「意思疎通」とは，言語，文字の表示，点字，触覚を使った意思疎通，拡大文字，利用しやすいマルチメディア並びに筆記，音声，平易な言葉，朗読その他の補助的及び代替的な意思疎通の形態，手段及び様式（利用しやすい情報通信機器を含む。）をいう。

「言語」とは，音声言語及び手話その他の形態の非音声言語をいう。

「障害に基づく差別」とは，障害に基づくあらゆる区別，排除又は制限であって，政治的，経済的，社会的，文化的，市民的その他のあらゆる分野において，他の者との平等を基礎として全ての人権及び基本的自由を認識し，享有し，又は行使することを害し，又は妨げる目的又は効果を有するものをいう。障害に基づく差別には，あらゆる形態の差別（合理的配慮の否定を含む。）を含む。

「合理的配慮」とは，障害者が他の者との平等を基礎として全ての人権及び基本的自由を享有し，又は行使することを確保するための必要かつ適当な変更及び調整であって，特定の場合において必要とされるものであり，かつ，均衡を失した又は過度の負担を課さないものをいう。

「ユニバーサルデザイン」とは，調整又は特別な設計を必要とすることなく，最大限可能な範囲で全ての人が使用することのできる製品，環境，計画及びサービスの設計をいう。ユニバーサルデザインは，特定の障害者の集団のための補装具が必要な場合には，これを排除するものではない。

第三条　一般原則

この条約の原則は，次のとおりとする。

(a) 固有の尊厳，個人の自律（自ら選択する自由を含む。）及び個人の自立の尊重

(b) 無差別

(c) 社会への完全かつ効果的な参加及び包容

(d) 差異の尊重並びに人間の多様性の一部及び人類の一員としての障害者の受入れ

(e) 機会の均等

(f) 施設及びサービス等の利用の容易さ

(g) 男女の平等

(h) 障害のある児童の発達しつつある能力の尊重及び障害のある児童がその同一性を保持する権利の尊重

第四条　一般的義務

1　締約国は，障害に基づくいかなる差別もなしに，全ての障害者のあらゆる人権及び基本的自由を完全に実現することを確保し，及び促進することを約束する。このため，締約国は，次のことを約束する。

(a) この条約において認められる権利の実現のため，全ての適当な立法措置，行政措置その他の措置をとること。

(b) 障害者に対する差別となる既存の法律，規則，慣習及び慣行を修正し，又は廃止するための全ての適当な措置（立法を含む。）をとること。

(c) 全ての政策及び計画において障害者の人権の保護及び促進を考慮に入れること。

(d) この条約と両立しないいかなる行為又は慣行も差し控えること。また，公の当局及び機関がこの条約に従って行動することを確保すること。

(e) いかなる個人，団体又は民間企業による障害に基づく差別も撤廃するための全ての適当な措置をとること。

(f) 第二条に規定するユニバーサルデザインの製品，サービス，設備及び施設であって，障害者に特有のニーズを満たすために必要な調節が可能な限り最小限であり，かつ，当該ニーズを満たすために必要な費用が最小限であるべきものについての研究及び開発を実施し，又は促進すること。また，当該ユニバーサルデザインの製品，サービス，設備及び施設の利用可能性及び使用を促進すること。さらに，基準及び指針を作成するに当たっては，ユニバーサルデザインが当該基準及び指針に含まれることを促進すること。

(g) 障害者に適した新たな機器（情報通信機器，移動補助具，補装具及び支援機器を含む。）についての研究及び開発を実施し，又は促進し，並びに当該新たな機器の利用可能性及び使用を促進すること。この場合において，締約国は，負担しやすい費用の機器を優先させる。

(h) 移動補助具，補装具及び支援機器（新たな機器を含む。）並びに他の形態の援助，支援サービス及び施設に関する情報であって，障害者にとって利用しやすいものを提供すること。

(i) この条約において認められる権利によって保障される支援及びサービスをより良く提供するため，障害者と共に行動する専門家及び職員に対する当該権利に関する研修を促進すること。

2　各締約国は，経済的，社会的及び文化的な権利に関しては，これらの権利の完全な実現を漸進的に達成するため，自国における利用可能な手段を最大限に用いることにより，また，必要な場合には国際協力の枠内で，措置をとることを約束する。ただし，この条約に定める義務であって，国際法に従って直ちに適用されるものに影響を及ぼすものではない。

3　締約国は，この条約を実施するための法令及び政策の作成及び実施において，並びに障害者に関する問題についての他の意思決定過程において，障害者（障害のある児童を含む。以下この3において同じ。）を代表する団体を通じ，障害者と緊密に協議し，及び障害者を積極的に関与させる。

4　この条約のいかなる規定も，締約国の法律又は締約国について効力を有する国際法に含まれる規定であって障害者の権利の実現に一層貢献するものに影響を及ぼすものではない。この条約のいずれかの締約国において法律，条約，規則又は慣習によって認められ，又は存する人権及び基本的自由については，この条約がそれらの権利若しくは自由を認めていないこと又はその認める範囲がより狭いことを理由として，それらの権利及び自由を制限し，又は侵してはならない。

5　この条約は，いかなる制限又は例外もなしに，連邦国家の全ての地域について適用する。

第五条　平等及び無差別

1　締約国は，全ての者が，法律の前に又は法律に基づいて平等であり，並びにいかなる差別もなしに法律による平等の保護及び利益を受ける権利を有することを認める。

2　締約国は，障害に基づくあらゆる差別を禁止するものとし，い

かなる理由による差別に対しても平等かつ効果的な法的保護を障害者に保障する。
3　締約国は，平等を促進し，及び差別を撤廃することを目的として，合理的配慮が提供されることを確保するための全ての適当な措置をとる。
4　障害者の事実上の平等を促進し，又は達成するために必要な特別の措置は，この条約に規定する差別と解してはならない。

第六条　障害のある女子

1　締約国は，障害のある女子が複合的な差別を受けていることを認識するものとし，この点に関し，障害のある女子が全ての人権及び基本的自由を完全かつ平等に享有することを確保するための措置をとる。
2　締約国は，女子に対してこの条約に定める人権及び基本的自由を行使し，及び享有することを保障することを目的として，女子の完全な能力開発，向上及び自律的な力の育成を確保するための全ての適当な措置をとる。

第七条　障害のある児童

1　締約国は，障害のある児童が他の児童との平等を基礎として全ての人権及び基本的自由を完全に享有することを確保するための全ての必要な措置をとる。
2　障害のある児童に関する全ての措置をとるに当たっては，児童の最善の利益が主として考慮されるものとする。
3　締約国は，障害のある児童が，自己に影響を及ぼす全ての事項について自由に自己の意見を表明する権利並びにこの権利を実現するための障害及び年齢に適した支援を提供される権利を有することを確保する。この場合において，障害のある児童の意見は，他の児童との平等を基礎として，その児童の年齢及び成熟度に従って相応に考慮されるものとする。

第八条　意識の向上

1　締約国は，次のことのための即時の，効果的なかつ適当な措置をとることを約束する。
(a)　障害者に関する社会全体（各家庭を含む。）の意識を向上させ，並びに障害者の権利及び尊厳に対する尊重を育成すること。
(b)　あらゆる活動分野における障害者に関する定型化された観念，偏見及び有害な慣行（性及び年齢に基づくものを含む。）と戦うこと。
(c)　障害者の能力及び貢献に関する意識を向上させること。
2　このため，1の措置には，次のことを含む。
(a)　次のことのための効果的な公衆の意識の啓発活動を開始し，及び維持すること。
(ⅰ)　障害者の権利に対する理解を育てること。
(ⅱ)　障害者に対する肯定的認識及び一層の社会の啓発を促進すること。
(ⅲ)　障害者の技能，長所及び能力並びに職場及び労働市場に対する障害者の貢献についての認識を促進すること。
(b)　教育制度の全ての段階（幼年期からの全ての児童に対する教育制度を含む。）において，障害者の権利を尊重する態度を育成すること。
(c)　全ての報道機関が，この条約の目的に適合するように障害者を描写するよう奨励すること。
(d)　障害者及びその権利に関する啓発のための研修計画を促進すること。

第九条　施設及びサービス等の利用の容易さ

1　締約国は，障害者が自立して生活し，及び生活のあらゆる側面に完全に参加することを可能にすることを目的として，障害者が，他の者との平等を基礎として，都市及び農村の双方において，物理的環境，輸送機関，情報通信（情報通信機器及び情報通信システムを含む。）並びに公衆に開放され，又は提供される他の施設及びサービスを利用する機会を有することを確保するための適当な措置をとる。この措置は，施設及びサービス等の利用の容易さに対する妨げ及び障壁を特定し，及び撤廃することを含むものとし，特に次の事項について適用する。
(a)　建物，道路，輸送機関その他の屋内及び屋外の施設（学校，住居，医療施設及び職場を含む。）
(b)　情報，通信その他のサービス（電子サービス及び緊急事態に係るサービスを含む。）
2　締約国は，また，次のことのための適当な措置をとる。
(a)　公衆に開放され，又は提供される施設及びサービスの利用の容易さに関する最低基準及び指針を作成し，及び公表し，並びに当該最低基準及び指針の実施を監視すること。
(b)　公衆に開放され，又は提供される施設及びサービスを提供する民間の団体が，当該施設及びサービスの障害者にとっての利用の容易さについてあらゆる側面を考慮することを確保すること。
(c)　施設及びサービス等の利用の容易さに関して障害者が直面する問題についての研修を関係者に提供すること。
(d)　公衆に開放される建物その他の施設において，点字の表示及び読みやすく，かつ，理解しやすい形式の表示を提供すること。
(e)　公衆に開放される建物その他の施設の利用の容易さを促進するため，人又は動物による支援及び仲介する者（案内者，朗読者及び専門の手話通訳を含む。）を提供すること。
(f)　障害者が情報を利用する機会を有することを確保するため，障害者に対する他の適当な形態の援助及び支援を促進すること。
(g)　障害者が新たな情報通信機器及び情報通信システム（インターネットを含む。）を利用する機会を有することを促進すること。
(h)　情報通信機器及び情報通信システムを最小限の費用で利用しやすいものとするため，早い段階で，利用しやすい情報通信機器及び情報通信システムの設計，開発，生産及び流通を促進すること。

第十条　生命に対する権利

締約国は，全ての人間が生命に対する固有の権利を有することを再確認するものとし，障害者が他の者との平等を基礎としてその権利を効果的に享有することを確保するための全ての必要な措置をとる。

第十一条　危険な状況及び人道上の緊急事態

締約国は，国際法（国際人道法及び国際人権法を含む。）に基づく自国の義務に従い，危険な状況（武力紛争，人道上の緊急事態及び自然災害の発生を含む。）において障害者の保護及び安全を確保するための全ての必要な措置をとる。

第十二条　法律の前にひとしく認められる権利

1　締約国は，障害者が全ての場所において法律の前に人として認められる権利を有することを再確認する。
2　締約国は，障害者が生活のあらゆる側面において他の者との平等を基礎として法的能力を享有することを認める。
3　締約国は，障害者がその法的能力の行使に当たって必要とする支援を利用する機会を提供するための適当な措置をとる。
4　締約国は，法的能力の行使に関連する全ての措置において，濫用を防止するための適当かつ効果的な保障を国際人権法に従って定めることを確保する。当該保障は，法的能力の行使に関連する措置が，障害者の権利，意思及び選好を尊重すること，利益相反を生じさせず，及び不当な影響を及ぼさないこと，障害者の状況に応じ，かつ，適合すること，可能な限り短い期間に適用されること並びに権限のある，独立の，かつ，公平な当局又は司法機関による定期的な審査の対象となることを確保するものとする。当該保障は，当該措置が障害者の権利及び利益に及ぼす影響の程度に応じたものとする。
5　締約国は，この条の規定に従うことを条件として，障害者が財産を所有し，又は相続し，自己の会計を管理し，及び銀行貸付け，抵当その他の形態の金融上の信用を利用する均等な機会を有することについての平等の権利を確保するための全ての適当かつ効果的な措置をとるものとし，障害者がその財産を恣意的に奪われないことを確保する。

Homework
Sheet

ワークシート例

Homework Sheet Lesson 3 (Sample)

科目名：	受講日：	年	月	日 （ ）
	提出日：	年	月	日 （ ）

クラス：	学生番号：	氏名：

主な保育実習Ⅰ（施設）及び保育実習Ⅲの対象施設の種類と目的

①**乳児院**：乳児（保健上，安定した生活環境の確保その他の理由により特に必要のある場合には，幼児を含む）を入院させて，これを養育し，あわせて退院した者について相談その他の援助を行うことを目的とする施設とする。

②**母子生活支援施設**：配偶者のない女子又はこれに準ずる事情にある女子及びその者の監護すべき児童を入所させて，これらの者を保護するとともに，これらの者の自立の促進のためにその生活を支援し，あわせて退所した者について相談その他の援助を行うことを目的とする施設とする。

③**児童厚生施設**：児童遊園，児童館等児童に健全な遊びを与えて，その健康を増進し，又は情操をゆたかにすることを行うことを目的とする施設とする。

④**児童養護施設**：保護者のない児童（乳児を除く。ただし，安定した生活環境の確保その他の理由により特に必要のある場合には，乳児を含む。以下この条において同じ。），虐待されている児童その他環境上養護を要する児童を入所させて，これを養護し，あわせて退所した者について相談その他の自立のための援助を行うことを目的とする施設とする。

⑤**障害児入所施設**：次の各号に掲げる区分に応じ，障害児を入所させて，当該各号に定める支援を行うことを目的とする施設とする。
1. 福祉型障害児入所施設：保護，日常生活の指導及び独立自活に必要な知識技能の付与
2. 医療型障害児入所施設：保護，日常生活の指導，独立自活に必要な知識技能の付与及び治療

⑥**児童発達支援センター**：次の各号に掲げる区分に応じ，障害児を日々保護者の下から通わせて，当該各号に定める支援を提供することを目的とする施設とする。
1.福祉型児童発達支援センター：日常生活における基本動作の指導，独立自活に必要な知識技能の付与又は集団生活への適応のための訓練
2.医療型児童発達支援センター：日常生活における基本動作の指導，独立自活に必要な知識技能の付与又は集団生活への適応のための訓練及び治療

⑦**児童心理治療施設**：家庭環境，学校における交友関係その他の環境上の理由により社会生活への適応が困難となった児童を，短期間，入所させ，又は保護者の下から通わせて，社会生活に適応するために必要な心理に関する治療及び生活指導を主として行い，あわせて退所した者について相談その他の援助を行うことを目的とする施設とする。

⑧**児童自立支援施設**：不良行為をなし，又はなすおそれのある児童及び家庭環境その他の環境上の理由により生活指導等を要する児童を入所させ，又は保護者の下から通わせて，個々の児童の状況に応じて必要な指導を行い，その自立を支援し，あわせて退所した者について相談その他の援助を行うことを目的とする施設とする。

⑨**児童相談所一時保護施設**：児童相談所長は，必要があると認めるときは，第二十六条第一項の措置をとるに至るまで，児童に一時保護を加え，又は適当な者に委託して，一時保護を加えさせることができる。

⑩**障害者支援施設**：障害者につき，施設入所支援を行うとともに，施設入所支援以外の施設障害者福祉サービスを行う施設（のぞみの園及び第一項の厚生労働省令で定める施設を除く。）をいう

⑪**独立行政法人国立重度知的障害者総合施設 のぞみの園**：独立行政法人国立重度知的障害者総合施設のぞみの園（以下「のぞみの園」という。）は，重度の知的障害者に対する自立のための先導的かつ総合的な支援の提供，知的障害者の支援に関する調査及び研究等を行うことにより，知的障害者の福祉の向上を図ることを目的とする。

指定障害福祉サービス事業所	⑫**生活介護**：常時介護を要する障害者として厚生労働省令で定める者につき，主として昼間において，障害者支援施設その他の厚生労働省令で定める施設において行われる入浴，排泄又は食事の介護，創作的活動又は生産活動の機会の提供その他の厚生労働省令で定める便宜を供与することをいう。
	⑬**自立訓練**：障害者につき，自立した日常生活又は社会生活を営むことができるよう，厚生労働省令で定める期間にわたり，身体機能又は生活能力の向上のために必要な訓練その他の厚生労働省令で定める便宜を供与することをいう。
	⑭**就労移行支援**：就労を希望する障害者につき，厚生労働省で定める期間にわたり，生産活動その他の活動の機会の提供を通じて，就労に必要な知識及び能力の向上のために必要な訓練その他の厚生労働省令で定める便宜を供与することをいう。
	⑮**就労継続支援**：通常の事業所に雇用されることが困難な障害者につき，就労の機会を提供するとともに，生産活動その他の活動の機会の提供を通じて，その知識及び能力の向上のために必要な訓練その他の厚生労働省令で定める便宜を供与することをいう。

該当する実習施設の種別（上記の施設名称を記入）

施設概要（実習施設の利用児／者の障害や疾病，その利用児／者の入所理由，職員構成，求められる支援など）

Homework Sheet Lesson 7 (Sample)

科目名：	受講日：	年	月	日 （ ）
	提出日：	年	月	日 （ ）

クラス：	学生番号：	氏名：

課題内容：
　事前オリエンテーションで，実習担当職員から日誌の作成について説明を受けたことを整理してまとめましょう。学校での指導と異なる点があれば，実習指導教員に必ず確認してください。

日誌の提出について ※提出時間，場所，提出先など	
個人情報の保護に関すること ※利用児／者名の記載，実習記録の管理方法など	
記録の作成について ※日誌作成の構成や形式，規定，用語の使い方など	

Homework Sheet Lesson 10（Sample）

科目名：	受講日：	年	月	日（　）
	提出日：	年	月	日（　）

クラス：	学生番号：	氏名：

課題内容

施設実習の手続き状況について，確認を行いましょう。確認が済んだら□内にチェックを行いましょう。

1. 実習先の希望調査について
□　①実習希望施設が国から認可を受けている施設であるかどうか確認したか。
□　②自宅から実習希望施設への公共交通機関等のルートと通勤時間を確認したか。
□　③実習希望施設のホームページ，パンフレットなどにより施設のプロフィールを調べたか。
□　④指定された書式で，養成校へ提出したか。
□　⑤養成校が指定した実施先に実習に行く場合は掲示された実習施設を必ず確認し，通勤手段等で問題がある場合は早めに実習担当者へ申し出たか。

2. 事前打ち合わせや内諾書の受け渡しについて
□　①実習生が同じ施設を希望している場合は，全員が電話口にそろっているか。
□　②内諾を得るために実習施設を訪問するために，あらかじめ電話をして訪問日時などに関するアポイントメントを取ったか。
□　③訪問の際の，服装（スーツ着用）や髪型などの身だしなみは大丈夫か。
□　④訪問の際は，余裕を持って到着できるよう，約束した時間の10分前には実習施設に到着するようスケジュールを組んでいるか。
□　⑤配属先や出退勤の時間について確認したか。
□　⑥実習生調書（実習生の履歴書）・健康診断書（胸部レントゲン）・腸内細菌検査（検便）証明書・その他抗体検査証明書（麻疹・風疹・流行性耳下腺炎）の提出について確認したか。

3. 実習終了時
□　①「施設実習出席表」の実習初日から最終日まで印鑑が押されているか確認したか。
□　②最終日の「日誌」については，翌日に提出する場合は，指導担当者に受け取りの日時を確認したか。
□　③施設内の清掃・整理・整頓をしたか。
□　④職員の方々，利用児／者等にお礼の挨拶を行ったか。
□　⑤実習施設の指導で「日誌」が郵送で返却される場合は，返信用の封筒を準備したか。
□　⑥返信用の封筒には自宅の住所・氏名を記入して切手を貼ったか。
□　⑦養成校への提出日を伝えて返送の日時を確認したか。
□　⑧封筒は「日誌」が入る大きさであることを確認したか。

4. 事後の挨拶について
□　①便せん，封筒は無地のものを使用したか。
□　②丁寧な字で心を込めて書き，誤字などがないか確認したか。
□　③実習訪問等でお世話になった養成校の訪問指導者にも，実習終了の報告とお礼の言葉を述べたか。

5. 日誌の提出について
〈主な留意事項〉
□　①養成校から示された提出期限を確認したか。
□　②養成校から示された様式に沿った提出物がそろっているか確認したか。
□　③定められた担当者，場所に確実に提出をしたか。

Homework Sheet Lesson 11 (Sample)

| 科目名: | 受講日: | 年 | 月 | 日 （　） |
| | 提出日: | 年 | 月 | 日 （　） |

| クラス: | 学生番号: | 氏名: |

ワーク：電話のかけ方を友達やグループで実践してみましょう

①オリエンテーションの依頼

②実習担当者が不在の場合

③初日にオリエンテーションを行うと言われた場合

| コメントⅠ | コメントⅡ |

Homework：オリエンテーションで聞くことを考えてみよう

Homework Sheet Lesson 18 (Sample)

科目名：		受講日：	年	月	日（ ）
		提出日：	年	月	日（ ）

クラス：	学生番号：	氏名：

ワーク：母子生活支援施設についてもっと調べてみましょう

① 配置しなければならない職員は？

② 必要な設備は？

③ 個人情報についての取り扱いについては？

Homework：母子生活支援施設運営指針や母子生活支援施設運営ハンドブックを読んで，実習に行く際に学んでみたいことを書いてみよう。また，どのようなことに配慮したら良いのかも考えてみよう。

Homework Sheet Lesson 23 （Sample）

科目名：	受講日：	年　　　月　　　日（　　　）
	提出日：	年　　　月　　　日（　　　）

クラス：　　　　　　学生番号：　　　　　　　　　氏名：

課題内容：
現時点での障害者に対するイメージについて，肯定的・否定的な視点に分けて挙げてみましょう。

	あなたのイメージ	（　　　　　　　　　　　）さんのイメージ
肯定的なイメージ		
否定的なイメージ		

Homework Sheet Lesson 24 （Sample）

科目名：		受講日：	年	月	日（　）
		提出日：	年	月	日（　）

クラス：	学生番号：	氏名：

課題内容：児童館の役割について実際に児童館を訪問し詳しく調べてみましょう

〈記入例〉

施設名	○○町児童館	施設種別	児童厚生施設
住所	S県　S市　○○町　×××		
電話番号	××××－××－××××	利用時間	9：30～18：30
利用対象者	0歳～18歳までの児童とその保護者		
訪問日	○年○月○日	対応者	○○先生

　○○児童館は，児童に健全な遊び場を与え，その健康を増進し，心を豊かにすることを目的としているということでした。

　児童館にはだれでもいつでも来館することができ，遊戯室や図書室で自由に遊ぶことができるそうです。私が訪問した時は，小学校の下校時に利用する子どもがたくさんいましたが，午前中は子育て中のママさんたちが集まる場所になっているということでした。また，毎週各種行事を実施されており，親子で楽しく遊び，子育てについて学びながら，母親同士の交流を深めている場になっているそうです。

　今年度からは『児童館ママのなんでも教室』が新設されました。この教室は，利用されている未就学児のお母さんたちの要望を取り入れて実施されていて（こどものヘアカット教室，ネイルアート教室，そば打ち体験教室など），大変好評ということでした。

　児童館は規模に応じて役割が違っていて，○○児童館では，地域のお母さんたちの支援を意識しながら日々の業務を行っているということでした。

施設名		施設種別	
住所			
電話番号	－　　－	利用時間	～
利用対象者			
訪問日	年　月　日	対応者	

Homework Sheet Lesson 28 (Sample)

科目名：	受講日：	年 月 日 （ ）
	提出日：	年 月 日 （ ）

クラス：	学生番号：	氏名：

Work ① 実習で経験した「嬉しい場面」「落ち込んだ場面」を記述して下さい。また，それぞれの原因を考えて書き込んでください。

うれしい場面	原　因	落ち込んだ場面	原　因
【例】自閉症の子どもに毎日挨拶をしていたら，最後の日に挨拶を返してもらえた。	【例】子どもと信頼関係ができて，自分が子どもに日常的に存在する者として認知されたため	【例】子どもが私に訴えかけていたが理解できず戸惑っていると突然子どもが自分の手を噛んだ。	【例】私が子どもの欲求に応えられず，子どもがパニックになったため。

Work ② 印象に残っている支援を取り上げてみましょう。

○事例の要旨
【例】　いつも挨拶をしても返事をしてくれない自閉症のＡさんに対する朝の関わりの場面。

子ども（利用者）の言動	私の言動	私が感じたり考えたりしたこと	分析・考察
②Ａさんは何も言わず私のことを注視している。	①Ａさんの居室に入って「おはようございます」と挨拶する。 ③目を逸らして，他の利用者の方へ挨拶に行った。	①気持ちよく挨拶している。 ②想定外の反応で戸惑っている。 ③Ａさんの前から立ち去りたい。	Ａさんの気持ちが理解できず不安を感じて，Ａさんとの関わりを避けている。

私がこの場面で自己覚知したこと
【例】コミュニケーションが難しい利用者の方に対して，障害特性や気持ちを理解しようとせずに関わりを避けて活動する傾向があった。

※「子ども（利用者）の行動」「私の言動」では，一連の流れが理解できるように，言動に対して文頭に①②③…のように時系列でナンバリングして記載する。
※※「私が感じたり考えたりしたこと」は，「子ども（利用者）の言動」「私の言動」で記載した言動と，そのナンバリングに対応させて記入する。

Homework Sheet Lesson 29 (Sample)

| 科目名： | 受講日： | 年　　　月　　　日（　　） |
| | 提出日： | 年　　　月　　　日（　　） |

| クラス：　　　　　　学生番号：　　　　　　　　　氏名： |

Work ①

項目	評価の内容	評価上の観点	自己評価	施設評価
態度	意欲・積極性	・指導担当者からの指示を待つばかりでなく，自分から行動している ・積極的に利用児／者と関わろうとしている　など	A－B－C－D	A－B－C－D
	責任感	・十分な時間的余裕を持って勤務時間できるようにしている。 ・報告・連絡・相談を必要に応じて適切に行っている。　など	A－B－C－D	A－B－C－D
	探究心	・日々の取り組みの中で，適切な援助の方法を理解しようとしている。 ・日々の取り組みの中で，自己課題を持って実習に臨んでいる。　など	A－B－C－D	A－B－C－D
	協調性	・自分勝手な判断に陥らないよう努めている。 ・判断に迷うときには，指導担当者に助言を求めている。　など	A－B－C－D	A－B－C－D
知識・技術	施設の役割と機能	・施設における子ども・利用者の生活と保育士の援助や関わりについて理解できている。	A－B－C－D	A－B－C－D
		・施設の役割と機能について具体的な実践を通して理解できている。	A－B－C－D	A－B－C－D
	利用児／者理解	・利用児／者との関わりを通した観察と記録作成ができている。	A－B－C－D	A－B－C－D
		・利用児／者の個々の状態に応じた具体的な援助や関わりができている。	A－B－C－D	A－B－C－D
	施設における利用児／者の生活と環境	・計画に基づいた活動や援助ができている。	A－B－C－D	A－B－C－D
		・利用児／者の心身の状態に応じた対応ができている。	A－B－C－D	A－B－C－D
		・利用児／者の活動と生活の環境について理解できている。	A－B－C－D	A－B－C－D
		・実際の子ども・利用者の健康管理や安全対策について理解できている。	A－B－C－D	A－B－C－D
	計画と記録	・実際の支援計画の活用について理解できている。	A－B－C－D	A－B－C－D
		・記録に基づく省察と自己評価ができている。	A－B－C－D	A－B－C－D
	専門職としての保育士の役割と職業倫理	・専門職としての保育士の業務内容について具体的に理解できている。	A－B－C－D	A－B－C－D
		・職員間の役割分担や連携・協働について具体的に理解できている。	A－B－C－D	A－B－C－D
		・専門職としての保育士の役割と職業倫理について具体的に理解できている。	A－B－C－D	A－B－C－D
総　合　評　価			A－B－C－D	A－B－C－D

Work ②

項目	評価の内容	学習すべき内容で「何ができて」「何ができなかった」のか？
態度	意欲・積極性	
	責任感	
	探究心	
	協調性	
知識・技術	施設の役割と機能	
	利用児／者理解	
	施設における利用児／者の生活と環境	
	計画と記録	
	専門職としての保育士の役割と職業倫理	

Homework Sheet Lesson 30（Sample）

| 科目名： | | 受講日： | 年　　　　月　　　　日（　　　） |
| | | 提出日： | 年　　　　月　　　　日（　　　） |

| クラス：　　　　　　　　学生番号： | | 氏名： |

	実習課題を捉えるポイント	実習課題
保育実習Ⅰ（施設）の振り返り	①自己評価と施設評価を比較して捉えた，保育実習Ⅰ（施設）の学習成果。	
	②評価結果を評価項目間で比較することで，自分の得意な部分と不得意な部分を明確にした分析結果。	
	③評価票の評価項目の「評価上の観点」を参考にして捉えた「何ができて」「何ができなかった」のか，その具体的な学習成果。	
保育実習Ⅲの目標と内容	①保育実習Ⅰ（施設）で理解及び修得した知識・技術を保育実習Ⅲの実践を通してより深めたい内容。	
	②子ども及び保護者支援に加えて家庭支援で学習したい内容。	
	③常に実習において自己課題を見出し，また将来の自己課題を明確にするための実習中の行動計画。	
	④新たな種別の実習施設で学習したい内容。	

Homework Sheet Lesson 33 (Sample)

科目名：	受講日：	年	月	日 （ ）
	提出日：	年	月	日 （ ）

クラス：　　　　　学生番号：	氏名：

課題内容：保育業務上のいろいろなジレンマ的場面を想定し，それぞれの場合，あなた（＝現場職員）ならどうするか，実践的に考えてみましょう。

場面①　児童発達支援事業所において，その日は障がいのある子どもが親と一緒に通園する日であった。みんなでリズム遊びをしているときに，ある母親が自分の子どもに対して，「どうしてあなたはできないの？　他の子はちゃんとしているでしょう！」と言ってその子の頬を叩いた。

場面②　非番の日に街角の書店に出かけると，たまたま，勤務先の児童養護施設で担当している中学生を見かけた。声をかけようとすると，その子は店頭にあった雑誌を数冊自分のカバンに入れて，そのまま急ぎ足で店を出ていってしまった。

場面③　乳児院での一時帰宅の際，迎えにきた母親が自分の子どもに外出用の服を着せようとした。そのとき母親が，いきなり怪訝そうな顔つきになって，「先生，どういうことですか？　この子の腕に噛まれた跡があるんですけど！」と激しい口調で言った。

Homework Sheet Lesson 41 (Sample)

科目名：	受講日： 　年　　月　　日（　　）
	提出日： 　年　　月　　日（　　）

クラス：　　　　　学生番号：　　　　　　　氏名：

課題内容

以下は日誌の記述の例です。下線部を正しい表現あるいはより適切な表現に改めましょう。

〈「子どもの活動」欄の記述例〉

・保育士の①話しを②よく聞く　　①（　　　　　　　）②（　　　　　　　　　　　　）

　Point ▶ ①送り仮名の誤りを改めましょう。②具体的に書きましょう。

・トイレで③はいせつする　　③（　　　　　　）

　Point ▶ ③漢字に改めましょう。

〈「保育士の援助・配慮」欄の記述例〉

・④挨拶をする　　④（　　　　　　　　　　　　　　　　　　　　　　　）

　Point ▶ ④朝の挨拶を想定し，「どのように」挨拶をするのかを書き加えましょう。

・⑤「手を洗いなさい」と言う　　⑤（　　　　　　　　　　　　　　　　　　）

　Point ▶ ⑤鉤括弧を用いず，間接話法に改めましょう。

・⑥泣いてる子どもを抱き上げ，落ち着けるよう，背中を⑦トントンしながら穏やかにどうしたのかと声をかける　　⑥（　　　　　　　　）⑦（　　　　　　　　　　　　　　）

　Point ▶ ⑥話し言葉は用いません。⑦具体的にはどのような動作か詳しく書きましょう。

・内容が⑧かぶらないよう，多様な種類の絵本を用意し，自由に子ども⑨に選ばせる

　⑧（　　　　　　　　　　　）⑨（　　　　　　　　　　　　　　　）

　Point ▶ ⑧若者言葉は用いません。⑨子ども主体の表現に改めましょう。

〈「環境の構成」欄の記述例〉

・窓を開けて⑩換気したり机や椅子を移動して室内の環境を整える

　⑩（　　　　　　　　　　　　　　　　　　　　　　　　　　　　）

　Point ▶ ⑩「たり」は単独では用いません。

・⑪七夕に関する絵本や紙芝居，図鑑を室内の本棚に置く

　⑪（　　　　　　　　　　　　　　　　　　　　　　　　）

　Point ▶ ⑪七夕の直前を想定し，「なぜ」「何のために」そうするのかを書き加えましょう。

〈「実習生の気づき・考察」欄の記述例〉

・⑫「障害によって援助のあり方も異なるんだなあ」と実感した

　⑫（　　　　　　　　　　　　　　　　　　　　　　　　　）

　Point ▶ ⑫鉤括弧を用いず，間接話法に改めましょう。また話し言葉を書き言葉に改めましょう。

・⑬子どもたちが笑顔で過ごせるのは，職員の方々が絶えず笑顔で，明るく楽しい雰囲気作りをしていらっしゃることに気づいた。

　⑬（　　　　　　　　　　　　　　　　　　　　　　　　　　　　）

　Point ▶ ⑬「主述のねじれ」が起きています。本来，「子どもたちが笑顔ですごせるのは」のあとには理由を示す表現が続きます。

【解答例】

①話，②注意深く（集中して），③排泄，④保護者と子ども（利用者）へ笑顔で元気よく挨拶をする，⑤手を洗うよう促す，⑥泣いている，⑦優しく撫でさすり，⑧重ならない（重複しない），⑨が選べるよう配慮する，⑩換気したり机や椅子を移動したりして，⑪子ども（利用者）が自由に手に取れるよう（七夕へ関心が持てるよう），⑫障害によって援助のあり方も異なるのだと，⑬子どもたちが笑顔で過ごせるのは，職員の方々が絶えず笑顔で，明るく楽しい雰囲気作りをしていらっしゃるからだと気づいた。

施設実習指導　ワークシート

授業実施日	月　　日　　曜日　天候　　第　　回目		出席者	名
			欠席者	名
学籍番号		氏　名	ゲスト	

主な授業内容 と 授業のねらい	※下の欄は，担当の先生の指示に従って記入してください。	Lesson No.

◆授業のポイント！

ラベルA（白色）

ラベルB（桃色）

◆Reflection！

次回までの課題（Homework）・その他〈予定，特記事項〉	
HW（No.　）	
その他	

Homework　Sheet　（No.　　）

チェック担当者サイン

学籍 番号		氏 名		印	提 出 締 切 日 と 提 出 先	月　　　日　　　曜日 　　　：　　　までに 　　　　　　　　　　へ提出

課題内容

※用紙が足りない場合には，裏面を使用しても構わない。

Let's have a dialogue !
ワークシートで学ぶ施設実習

2020年3月20日　第一版第1刷発行
2022年3月31日　第一版第2刷発行

編 著 者　和田上貴昭・那須信樹・原孝成
発 行 者　宇野文博
発 行 所　株式会社同文書院
　　　　　　〒 112-0002
　　　　　　東京都文京区小石川 5-24-3
　　　　　　TEL（03）3812-7777
　　　　　　FAX（03）3812-7792
　　　　　　振替　00100-4-1316
印刷・製本　日本ハイコム株式会社